应用数学基础(3)

YINGYONG SHUXUE JICHU

主　编　姬小龙　黄瑞芳
副主编　陈　晓

河南大学出版社
·郑州·

图书在版编目(CIP)数据

应用数学基础.3/姬小龙,黄瑞芳主编. —郑州:河南大学出版社,2019.6 (2021.6重印)

ISBN 978-7-5649-3245-9

Ⅰ.①应… Ⅱ.①姬… ②黄… Ⅲ.①应用数学-高等职业教育-教材 Ⅳ.①O29

中国版本图书馆 CIP 数据核字(2019)第 066882 号

责任编辑　张雪彩
责任校对　付会娟
封面设计　陈盛杰

出版发行	河南大学出版社			
	地址:郑州市郑东新区商务外环中华大厦2401号		邮编:450046	
	电话:0371-86059712(高等教育出版分社)			
	0371-86059701(营销部)		网址:hupress.henu.edu.cn	
排　版	郑州市今日文教印制有限公司			
印　刷	河南育翼鑫印务有限公司			
版　次	2019年6月第1版		印　次	2021年6月第2次印刷
开　本	787mm×1092mm　1/16		印　张	7.75
字　数	127千字		定　价	24.00元

(本书如有印装质量问题,请与河南大学出版社营销部联系调换)

前　言

　　课程建设是高等职业教育专业建设的重要组成部分,而课程建设离不开教材的建设、开发与利用."应用数学基础"是五年制高等职业教育各专业必修的一门公共基础课程,我们在本课程的开发过程中重视教育对象——学生在"课"中的历程、经验、体验.基于此,本书作者在本教材的编写过程中,坚持以学生为中心、以学生"自主学习"为目标、以"易教易学,必须够用"为度的总体要求.

　　本书分为四册,第三册内容包括平面向量、直线方程、二次曲线等,共三章.考虑到目前五年制高职学生的实际情况,本册内容的建议授课时数约为100学时,供五年制高职二年级第一学期使用.

　　本书有别于其他同类教材之处,主要体现在以下几个方面:

　　1. 叙述通俗易懂,着重于基本概念、基本理论、基本方法,突出基础性和实用性,加强了对学生的自主学习能力、熟练运算能力、分析问题和解决问题能力的培养,在培养学生数学思想和用数学方法解决实际问题能力方面有一定的尝试.

　　2. 在强调基础性和实用性的同时,坚持"少而精"的原则,重视体系设计,循序渐进,符合学生的特征和认知规律,尽量做到结构体例新颖,便于教师和学生使用.教材的难度深浅适中,既符合学生的实际水平,又加强了教学的针对性,并注意吸收新知识、新观念,便于学生自主学习.

　　3. 针对五年制高职生的实际状况,降低了编写起点,将一些初中数学的基础知识融入到本书中,切实做到教学中师生使用"零起点"和"无障碍",照顾到了各种层次学生的特点与实际.

　　4. 在例题、课堂练习、习题、复习题、自测题的选取上注意难易适中,适度加强课堂练习力度.基本上每一节课后设有练习,每一小节后设有习题,每一章后设有复习题,每一册书后设有自测题.学生通过独立完成练习、习题、复习题、自测题这 4 个环节的做题训练,基本上能够达到本课程的教学目标.

本书由姬小龙、黄瑞芳任主编,编写分工如下:黄瑞芳(第 8 章、第 10 章的 §10.1～§10.3)、陈晓(第 9 章、第 10 章的 §10.4～复习题)、姬小龙(自测题).本书由姬小龙承担策划、统稿等工作.

由于编者水平有限,不足、失误在所难免,真诚欢迎使用本教材的教师、学生和同行专家、学者批评指正,以便修订时完善.

编 者
2019 年 1 月

目 录

第 8 章　平面向量　/1

§8.1　平面向量的概念　/1

1. 向量的概念　/1

2. 共线向量　/2

习题 8.1　/3

§8.2　向量的线性运算　/4

1. 向量的加法　/4

2. 向量的减法　/8

3. 向量的数乘　/9

习题 8.2　/12

§8.3　向量的坐标运算　/13

1. 位置向量　/13

2. 向量的坐标表示　/14

3. 向量平行的坐标表示　/17

4. 线段的定比分点坐标公式　/18

5. 向量模的坐标公式　/20

习题 8.3　/22

§8.4　向量的数量积　/23

1. 向量数量积的定义　/23

2. 向量数量积的运算法则　/25

3. 两个向量垂直的条件　/25

习题 8.4　/26

§8.5　解三角形　/27

1. 三角形及其基本性质　/27

2. 正弦定理 /28

3. 余弦定理 /30

习题 8.5 /31

名词索引 /32

数学符号 /32

常用公式 /33

复习题 A /34

复习题 B /36

第 9 章 直线方程 /40

§9.1 直线的倾斜角与斜率 /40

1. 直线的倾斜角 /40

2. 直线的斜率 /41

§9.2 直线方程的八种形式 /43

1. 点斜式 /43

2. 斜截式 /44

3. 两点式 /45

4. 截距式 /45

5. 点向式 /46

6. 点法式 /47

7. 参数式 /48

8. 一般式 /49

习题 9.2 /50

§9.3 点到直线的距离公式 /51

习题 9.3 /53

§9.4 两条直线的位置关系 /54

1. 两条直线平行 /54

2. 两条直线垂直 /55

3. 两条直线斜交 /56

习题 9.4 /57

§9.5 二元一次不等式(组)及其应用 /58

1. 二元一次不等式(组) /58
   2. 线性规划问题的图解法 /61
   习题 9.5 /64
名词索引 /66
数学符号 /66
常用公式 /66
复习题 A /68
复习题 B /70

第 10 章　二次曲线 /74

§10.1　曲线与方程 /74
　　习题 10.1 /76
§10.2　圆 /77
　　1. 圆的定义与标准方程 /77
　　2. 圆的一般方程 /78
　　3. 坐标轴的平移变换 /80
　　习题 10.2 /83
§10.3　椭圆 /85
　　1. 椭圆的定义与标准方程 /85
　　2. 椭圆的性质 /87
　　习题 10.3 /91
§10.4　双曲线 /92
　　1. 双曲线的定义与标准方程 /92
　　2. 双曲线的性质 /95
　　习题 10.4 /98
§10.5　抛物线 /99
　　1. 抛物线的定义与标准方程 /99
　　2. 抛物线的性质 /102
　　习题 10.5 /104
名词索引 /105
数学符号 /106

常用公式　/106

复习题 A　/107

复习题 B　/109

自测题　/113

第8章 平面向量

物理学中讲的物体的温度、体积,数学中讲的线段的长度、图形的面积等一些简单的量,在选定测量单位后,就可以用一个实数来表示,这种只有大小的量人们通常把它们称为数量或标量.本章我们引入另一种类型的量——向量,并且研究向量的概念、线性运算、数量积,讨论向量的坐标表示与运算,以及向量在解三角形等方面的一些应用.

§8.1 平面向量的概念

1. 向量的概念

我们把既有大小又有方向的量叫作向量(或矢量),如物理学中讲的物体的位移、速度和加速度等.

在印刷体中,常用小写黑斜体字母 $a,b,c,\cdots$ 来表示向量;在手写时,可用带箭头的小写白斜体字母 $\vec{a},\vec{b},\vec{c},\cdots$ 来表示向量.

在几何上向量可用有向线段(如图 8-1)来表示.用有向线段表示向量时,同向且等长的有向线段表示同一向量.

向量的大小叫作向量的长度(或模),向量 a 的模记作"$|a|$",读作"向量 a 的模".向量的模是一个非负数.

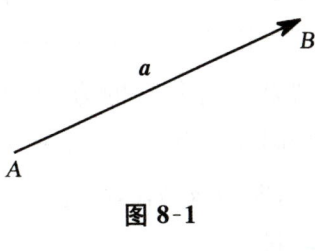

图 8-1

长度是零的向量叫作零向量,记作"**0**"或"$\vec{0}$",零向量没有确定的方向.长度等于 1 的向量叫作单位向量.

用有向线段 $\overrightarrow{AB}$ 表示向量 a 时, 我们常把 A 说成是始点, 把 B 说成是终点, 记作"向量 $\overrightarrow{AB}$". 图 8-2 中表示的有向线段 $\overrightarrow{AB}, \overrightarrow{CD}, \overrightarrow{EF}$ 表示同一个向量 a.

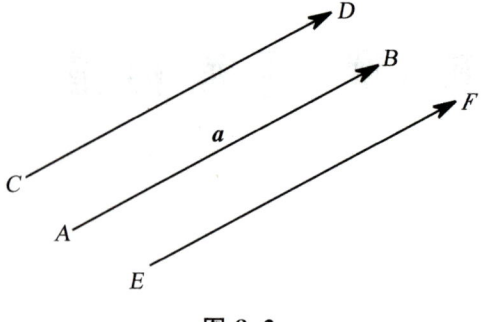

图 8-2

有些线段不仅有大小和方向, 而且还有作用点. 例如, 力既有大小, 又有方向, 还有作用点, 这种向量叫作 固定向量; 有些向量只有大小和方向, 而无特定的位置, 如位移、速度等, 这种向量叫作 自由向量. 本章讨论的向量如无特别说明, 均指自由向量. 自由向量在平面上是可以平行移动的, 即具有平移性.

如果两个向量 a 与 b 的长度相等且方向相同, 那么我们称 a 与 b 相等, 记作" $a=b$", 这时 a 与 b 叫作 相等向量. 所有零向量均相等, 因而零向量是唯一的. 任意两个相等的非零向量, 都可以用同一条有向线段来表示.

 练习

1. 举出几个你学习过的物理学中的数量和向量的例子.

2. 什么是向量? 什么是单位向量? 什么是零向量?

3. 举例说明何为固定向量, 何为自由向量. 请你说一说, 有向线段与向量有何区别与联系.

2. 共线向量

如果向量 a 与向量 b 的方向相同或相反, 那么我们称向量 a 与向量 b 是平行的, 这时也可以说成是向量 a 平行于向量 b, 记作" $a // b$". 如果一组向量的方向相同或相反, 那么这组向量叫作 共线向量(或称为 平行向量). 如图 8-3 所示, 向量 a, b, c, d 就是一组共线向量. 数学中规定 零向量与任何一个向量都平行.

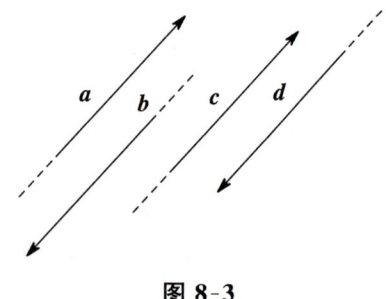

图 8-3

与向量 a 等长且方向相反的向量叫作 a 的 相反向量(或 负向量), 记作" $-a$". 由定义可知, $-a$ 的相反向量是 a, 即 $-(-a)=a$. 零向量的相反向量仍是零向量. 对于任何一个非零向量 a, 都有 $a \neq -a$.

【例 1】 如图 8-4 所示,设 O 是正六边形 $ABCDEF$ 的中心,分别写出:

(1) 与向量 $\overrightarrow{AB}$ 相等的所有向量;

(2) 向量 $\overrightarrow{BC}$ 的相反向量;

(3) 与向量 $\overrightarrow{DA}$ 共线的所有向量.

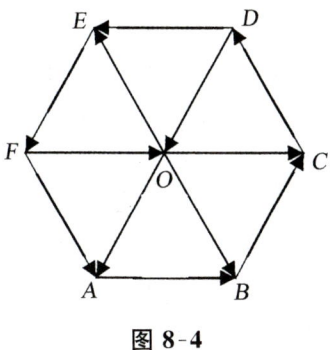

图 8-4

解 (1) 与向量 $\overrightarrow{AB}$ 相等的向量为 $\overrightarrow{OC}$, $\overrightarrow{FO}$;

(2) 向量 $\overrightarrow{BC}$ 的相反向量为 $\overrightarrow{EF}$, $\overrightarrow{OA}$, $\overrightarrow{DO}$;

(3) 与向量 $\overrightarrow{DA}$ 共线的向量为 $\overrightarrow{DO}$, $\overrightarrow{OA}$, $\overrightarrow{EF}$, $\overrightarrow{BC}$.

练习

1. 判断题:

   (1) 如果向量 a 与 b 的模相等,即 $|a|=|b|$,那么 $a=b$.　　　　(　　)

   (2) 如果 $a // b$,那么 $a=b$ 或 $a=-b$.　　　　(　　)

   (3) 任何向量都有确定的大小和方向.　　　　(　　)

   (4) 零向量与任何向量都平行.　　　　(　　)

2. 在 □$ABCD$ 中,对角线 AC 与 BD 的交点是 O,分别写出:

   (1) 与向量 $\overrightarrow{OA}$ 相等的所有向量;

   (2) 向量 $\overrightarrow{AB}$ 的相反向量;

   (3) 与向量 $\overrightarrow{CB}$ 平行的所有向量.

3. 在四边形 $ABCD$ 中,$\overrightarrow{AB}=-\overrightarrow{CD}$. 证明:四边形 $ABCD$ 为平行四边形.

习题 8.1

1. 在平面上任意作出三个向量,画出它们的相反向量.

2. 选取适当的比例尺,用有向线段表示下列位移:

   (1) $a=$ "向东北,20 km";

   (2) $b=$ "向南,30 km";

   (3) $c=$ "向西,30 km".

   这三个位移 a, b, c 的长度各是多少? a, b, c 是否为相等向量?

3. 已知向量 $\overrightarrow{AB}=\overrightarrow{CD}$,问:

   (1) 若点 A 与点 C 重合,则点 B 与点 D 是否重合?

(2) 若点 A 与点 C 不重合,则点 B 与点 D 是否一定不重合?

(3) 任一与 $\overrightarrow{AB}$ 同向且等长的有向线段都可以表示向量 $\overrightarrow{AB}$ 吗?

4. 张华从点 A 出发,向东偏北 $60°$ 走 30 m 到达点 B,接着向东走 40 m 到达点 C,然后再向东北走 20 m 到达点 D. 请选取适当的比例尺,用向量表示张华的位移.

5. 对于不相等的两个向量,如果表示它们的有向线段的终点的位置相同,那么它们的始点的位置是否也相同?

6. 如图 8-5 所示,D,E,F 分别为 $\triangle ABC$ 各边的中点,分别写出与向量 $\overrightarrow{DE},\overrightarrow{EF},\overrightarrow{FD}$ 相等的向量.

7. 设四边形 $ABCD$ 是一个菱形,在下列各对向量中,哪一对向量是相等向量?哪一对向量是共线向量?

(1) $\overrightarrow{AD}$ 与 $\overrightarrow{BC}$；　　　(2) $\overrightarrow{AD}$ 与 $\overrightarrow{DC}$；

(3) $\overrightarrow{AB}$ 与 $\overrightarrow{CD}$；　　　(4) $\overrightarrow{AB}$ 与 $\overrightarrow{BC}$.

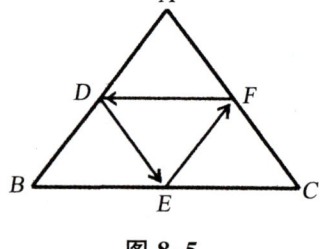

图 8-5

§8.2　向量的线性运算

1. 向量的加法

我们知道实数是可以进行加减运算的. 与实数的加减运算一样,向量也是可以进行加减运算的. 下面我们用几何构图的方法来说明向量的加减运算. 先看向量的加法运算.

定义 1　设 a,b 是两个已知向量,在平面内任取一点 A,作 $\overrightarrow{AB}=a,\overrightarrow{BC}=b$,则向量 $\overrightarrow{AC}$ 叫作向量 a 与 b 的和,记作 "$a+b$",即
$$a+b=\overrightarrow{AB}+\overrightarrow{BC}=\overrightarrow{AC}.$$
求两个向量和的运算,叫作**向量的加法**.

如果 a,b 不平行,那么 $a+b$ 如图 8-6(1),(2)所示. 这种求两个向量和的作图法则叫作向量求和的**三角形法则**. 如果 a,b 平行,则 $a+b$ 如图 8-6(3),(4)所示.

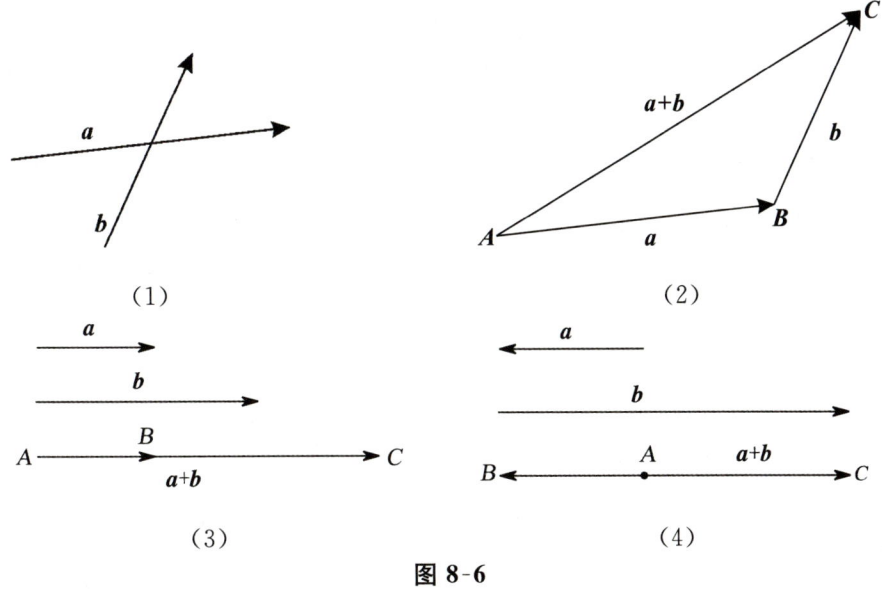

图 8-6

对于零向量与任意一个向量 a，都有
$$0+a=a+0=a.$$

已知 a,b 是平面内的任意两个不平行向量，如图 8-7(1) 所示. 在平面内任取一点 A，作 $\overrightarrow{AB}=a,\overrightarrow{AD}=b$，再以线段 AB 和 AD 为边作平行四边形 $ABCD$，则对角线向量 $\overrightarrow{AC}$ 就是 a 与 b 的和，如图 8-7(2) 所示. 这种求两个向量和的方法叫作向量求和的 平行四边形法则. 由
$$\overrightarrow{AC}=\overrightarrow{AB}+\overrightarrow{BC}=a+b,\quad \overrightarrow{AC}=\overrightarrow{AD}+\overrightarrow{DC}=b+a$$
可知：$a+b=b+a$. 这说明向量的求和与次序无关.

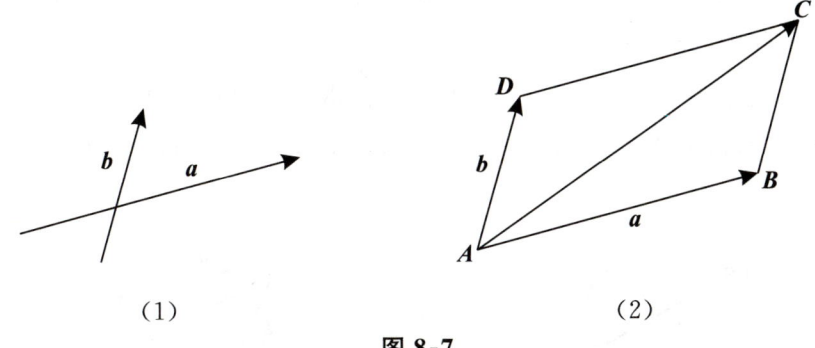

图 8-7

一般地，设 a,b,c 为任意三个向量，向量的加法运算满足下列运算律：

(1) 零元律　$0+a=a+0=a$；

(2) 负元律　$a+(-a)=-a+a=0$；

(3) 交换律　$a+b=b+a$；

(4) **结合律** $(a+b)+c=a+(b+c)=a+b+c$.

两个向量求和的三角形法则,可以推广到多个向量的求和法则,我们称其为**首尾相接法则**:先作出第一个向量,以第一个向量的终点为第二个向量的始点作第二个向量,以第二个向量的终点为第三个向量的始点作第三个向量,……,以倒数第二个向量的终点为最后一个向量的始点作最后一个向量,联结第一个向量的始点和最后一个向量的终点作成的向量就是这些向量的**和向量**.

例如,已知三个向量 a,b,c 如图 8-8(1)所示,求作三个向量的和向量. 如图 8-8(2)所示,在平面内任取一点 O,作 $\overrightarrow{OA}=a,\overrightarrow{AB}=b,\overrightarrow{BC}=c$,则 $\overrightarrow{OC}=a+b+c$.

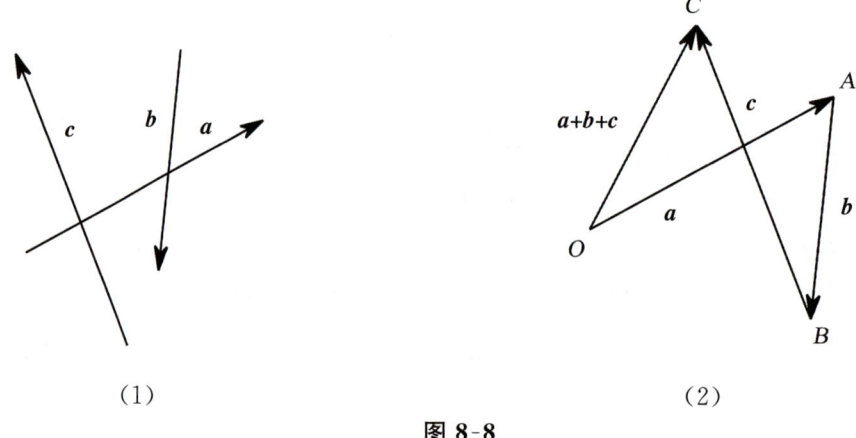

图 8-8

【**例 1**】已知向量 a,b,如图 8-9 所示,求作向量 $a+b$.

作法 1:如图 8-10(1)所示,在平面内任取一点 O,作 $\overrightarrow{OA}=a,\overrightarrow{AB}=b$,则 $\overrightarrow{OB}=a+b$.

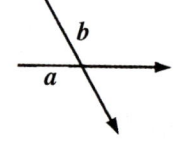

图 8-9

作法 2:如图 8-10(2)所示,在平面内任取一点 O,作 $\overrightarrow{OA}=a,\overrightarrow{OB}=b$,以线段 OA,OB 为邻边作平行四边形 $OACB$. 联结 OC,即 $\overrightarrow{OC}=\overrightarrow{OA}+\overrightarrow{OB}=a+b$.

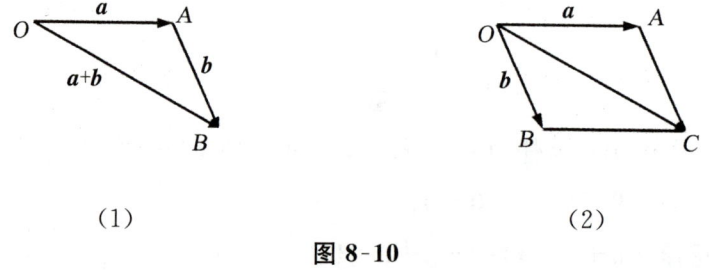

图 8-10

【**例 2**】李伟由某地 O 出发,先向东走 $3\sqrt{3}$ km 到 A 地,再向南走 3 km 到

达另一地 B，求 B 所在的位置（相对于 O）.

解 如图 8-11 所示，在平面内任取一点 O，作 $\overrightarrow{OA}=\boldsymbol{a}=$ "向东 $3\sqrt{3}$ km"，$\overrightarrow{AB}=\boldsymbol{b}=$ "向南 3 km"，联结 OB，则

$$\overrightarrow{OB}=\overrightarrow{OA}+\overrightarrow{AB}=\boldsymbol{a}+\boldsymbol{b},$$

$$|\overrightarrow{OB}|=\sqrt{|\overrightarrow{OA}|^2+|\overrightarrow{AB}|^2}$$
$$=\sqrt{27+9}=6(\text{km}).$$

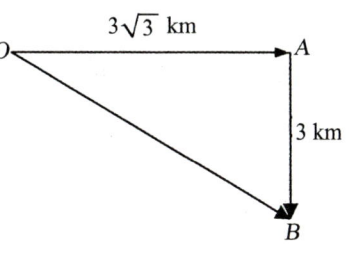

图 8-11

因为 $\overrightarrow{OA}$ 与 $\overrightarrow{OB}$ 的夹角为 $30°$，所以 B 地在 O 地的"东偏南 $30°$，6 km"处.

【例 3】 求向量之和：$\overrightarrow{AB}+\overrightarrow{DB}+\overrightarrow{CD}+\overrightarrow{BC}+\overrightarrow{BA}$.

解 $\overrightarrow{AB}+\overrightarrow{DB}+\overrightarrow{CD}+\overrightarrow{BC}+\overrightarrow{BA}$
$=(\overrightarrow{AB}+\overrightarrow{BA})+(\overrightarrow{DB}+\overrightarrow{BC})+\overrightarrow{CD}$
$=\overrightarrow{DC}+\overrightarrow{CD}$
$=\boldsymbol{0}$.

练习

1. 已知下列各组向量 $\boldsymbol{a},\boldsymbol{b}$，求作 $\boldsymbol{a}+\boldsymbol{b}$.

(1)   (2)

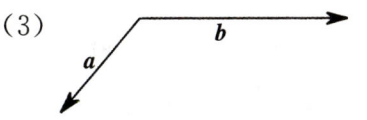   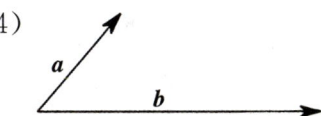

(3)   (4)

2. 填空题：

(1) $\overrightarrow{AB}+\overrightarrow{BC}=$ _____，$\overrightarrow{BA}+\overrightarrow{AB}=$ _____，$\overrightarrow{AC}+\overrightarrow{CA}=$ _____.

(2) $\overrightarrow{AB}+\overrightarrow{CA}+\overrightarrow{BC}=$ _____，
$\overrightarrow{AB}+\overrightarrow{CD}+\overrightarrow{BC}=$ _____.

(3) $\overrightarrow{AB}+\overrightarrow{CD}+\overrightarrow{BC}+\overrightarrow{EF}+\overrightarrow{DE}=$ _____.

3. 根据图 8-12 填空：

(1) $\overrightarrow{OA}+\overrightarrow{CO}=$ _____.

(2) $\overrightarrow{DO}+\overrightarrow{OB}=$ _____.

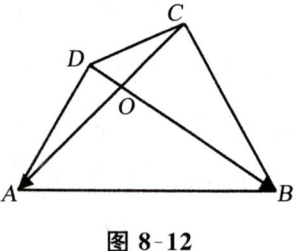

图 8-12

4. 一轮船向南航行 300 海里，然后又向西航行 400 海里．

(1) 选取适当的比例尺，作图表示该轮船的位移；

(2) 求两次位移之和及其长度；

(3) 求轮船航行的路程．

2. 向量的减法

根据向量的加法运算可定义向量的减法运算．

定义 2 如果 $b+c=a$，那么我们称向量 c 为向量 a 与向量 b 的<u>差向量</u>，记作"$a-b$"．a 称为<u>被减向量</u>，b 称为<u>减向量</u>．

求两个向量差的运算，叫作<u>向量的减法</u>．

已知两个向量 a,b，求作向量 $a-b$．在平面内任取一点 O，作 $\overrightarrow{OA}=a$，$\overrightarrow{OB}=b$，联结向量 $\overrightarrow{BA}$，如图 8-13 所示．由向量求和的三角形法则可知：$\overrightarrow{OB}+\overrightarrow{BA}=\overrightarrow{OA}$，即 $b+\overrightarrow{BA}=a$．根据差向量的定义可得出：$\overrightarrow{BA}=a-b$．

由此可见，<u>如果把两个向量的始点放在一起，那么这两个向量的差是减向量的终点到被减向量的终点的向量．</u>

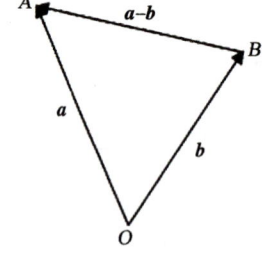

图 8-13

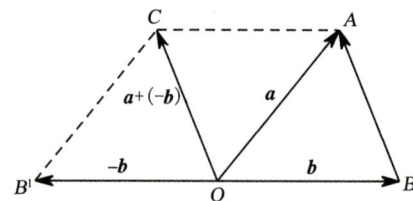

图 8-14

从图 8-14 可看出，$a-b=\overrightarrow{BA}=\overrightarrow{OC}=a+(-b)$．这就是说，<u>一个向量减去另一个向量，等于加上这个向量的负向量．</u>

【例 4】已知向量 a,b，如图 8-15(1)所示，求作向量 $a-b$．

解 如图 8-15(2)所示，在平面内任取一点 O，作 $\overrightarrow{OA}=a$，$\overrightarrow{OB}=b$，则 $\overrightarrow{BA}=a-b$．

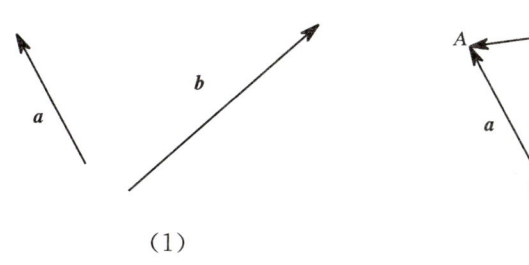

(1)　　　　　　　　(2)

图 8-15

【例 5】已知四边形 $ABCD$ 为平行四边形，O 为四边形外的任意一点，求证：$\overrightarrow{OD}=\overrightarrow{OA}+\overrightarrow{OC}-\overrightarrow{OB}$.

证明　如图 8-16 所示，在平面内作 □$ABCD$，并在 □$ABCD$ 外任取一点 O. 因为 $\overrightarrow{AD}=\overrightarrow{BC}$，所以
$\overrightarrow{OD}=\overrightarrow{OA}+\overrightarrow{AD}=\overrightarrow{OA}+\overrightarrow{BC}=\overrightarrow{OA}+\overrightarrow{OC}-\overrightarrow{OB}$.

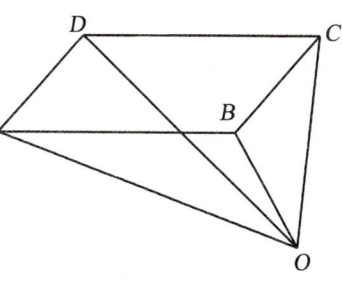

图 8-16

1. 已知向量 a, b，如图 8-17 所示，求作 $a-b$.

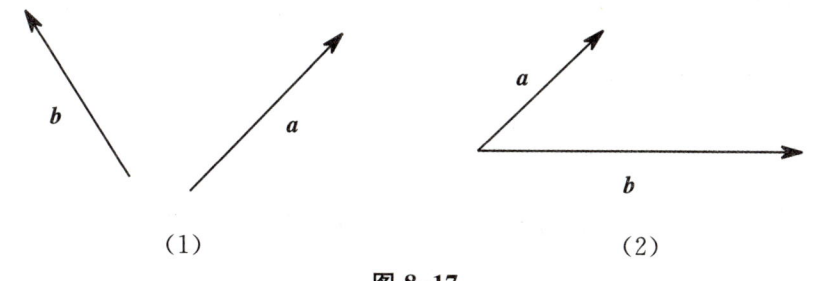

(1)　　　　　　　　(2)

图 8-17

2. 填空题：
   (1) $\overrightarrow{AB}-\overrightarrow{AC}=$ _____ ，$\overrightarrow{OA}-\overrightarrow{OB}=$ _____ ，$\overrightarrow{BC}-\overrightarrow{BA}=$ _____ .
   (2) $\overrightarrow{AB}+\overrightarrow{BC}-\overrightarrow{AC}=$ _____ ，$\overrightarrow{BA}-\overrightarrow{BC}+\overrightarrow{AC}=$ _____ .

3. 向量的数乘

在代数里，几个相等的实数相加，便得到几倍实数的概念．同样地，几个相等的向量相加，也可以引入几倍向量的概念．比如，4 个向量 a 相加，即 $a+a+a+a$ 叫作向量 a 与正整数 4 的积，这个积仍是一个向量，记作"$4a$"，它的方向与向量 a 的方向相同，它的长度是向量 a 的长度的 4 倍，即

$$4a=a+a+a+a,\quad |4a|=4|a|.$$

一般地，有如下定义：

定义 3 实数 λ 与向量 a 的乘积是一个向量，叫作**数乘向量**，记作"λa"。它的长度为 $|\lambda a|=|\lambda||a|$，它的方向规定如下：

(1) 当 $a\neq 0$ 且 $\lambda>0$ 时，λa 与 a 同方向；

(2) 当 $a\neq 0$ 且 $\lambda<0$ 时，λa 与 a 反方向。

由这个定义，可得

$$0a=0, \quad \lambda 0=0, \quad 1a=a, \quad (-1)a=-a.$$

设 a,b 为任意两个向量，λ,μ 为任意实数，向量的数乘运算满足下列运算律：

(1) 结合律　　$\lambda(\mu a)=(\lambda\mu)a$；

(2) 第一分配律　　$(\lambda+\mu)a=\lambda a+\mu a$；

(3) 第二分配律　　$\lambda(a+b)=\lambda a+\lambda b$。

【例 6】计算下列各式：

(1) $(-10)\times\dfrac{1}{2}a$；

(2) $3(3a+b)+2(-a+b)$；

(3) $\dfrac{1}{3}(6a-3b)+\dfrac{1}{2}(2a-b)$.

解 (1) $(-10)\times\dfrac{1}{2}a=\left(-10\times\dfrac{1}{2}\right)a=-5a$；

(2) $3(3a+b)+2(-a+b)=9a+3b-2a+2b=7a+5b$；

(3) $\dfrac{1}{3}(6a-3b)+\dfrac{1}{2}(2a-b)=\left(\dfrac{1}{3}\times 6\right)a-\left(\dfrac{1}{3}\times 3\right)b+\left(\dfrac{1}{2}\times 2\right)a-\dfrac{1}{2}b$

$$=2a-b+a-\dfrac{1}{2}b=3a-\dfrac{3}{2}b.$$

【例 7】设 x 为未知向量，解方程：$2(x+a)+3(2x-3b)=-b$.

解　原向量方程可化为

$$2x+2a+6x-9b=-b,$$

移项，得

$$8x=-2a+8b,$$

即

$$x=-\dfrac{1}{4}a+b.$$

【例 8】 设 a, b 为已知向量,x, y 为未知向量,且满足关系:

$$\begin{cases} x + 2y = 4a, & (1) \\ 3x - y = b. & (2) \end{cases}$$

求向量 x, y.

解 由 (1)+2×(2) 得 $7x = 4a + 2b$,于是 $x = \dfrac{4}{7}a + \dfrac{2}{7}b$.

由 3×(1)−(2) 得 $7y = 12a - b$,于是 $y = \dfrac{12}{7}a - \dfrac{1}{7}b$.

设向量 $a \neq 0$,与向量 a 方向相同的单位向量为 $a_0 = \dfrac{1}{|a|}a$. 下面讨论两个向量平行的条件.

对于向量 $a(a \neq 0), b$,如果有一个实数 λ,使得 $b = \lambda a$. 由定义 3 可知,a 与 b 平行,分三种情况讨论:

(1) 当 $b = 0$ 时,显然有 $b = 0a$;

(2) 当 b 与 a 同向时,有 $a_0 = \dfrac{1}{|a|}a = b_0 = \dfrac{1}{|b|}b$,即 $b = \dfrac{|b|}{|a|}a$;

(3) 当 b 与 a 反向时,有 $a_0 = \dfrac{1}{|a|}a = -b_0 = -\dfrac{1}{|b|}b$,即 $b = -\dfrac{|b|}{|a|}a$.

综合上述三种情况可知,存在一个实数 λ,使得 $b = \lambda a$. 若同时存在一个实数 μ,使得 $b = \mu a$,则 $(\lambda - \mu)a = 0$,而 $a \neq 0$,可见 $\lambda - \mu = 0$,即 $\lambda = \mu$. 于是有:<u>向量 b 与非零向量 a 平行的充要条件是存在唯一的实数 λ,使得 $b = \lambda a$</u>.

在数轴 Ox 上,选取单位向量 e,则数轴上任意一个向量 $\overrightarrow{OP} = a$ 都可表示成点 P 的坐标 x 与单位向量 e 的数乘向量,即 $\overrightarrow{OP} = a = xe$,如图 8-18 所示.

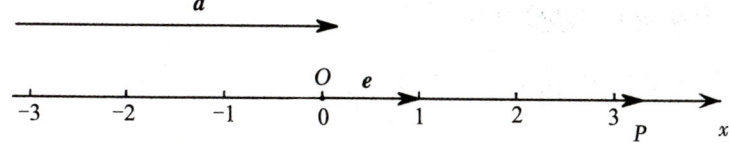

图 8-18

【例 9】 判断下列各题中的向量 a 与 b 是否共线.

(1) $a = -2e, b = 2e$;

(2) $a = e_1 + e_2, b = 2e_1 - 2e_2$.

解 (1) $b = 2e = -(-2e) = -a$,所以向量 a 与 b 共线.

(2) $b = 2e_1 - 2e_2 = 2(e_1 - e_2) \neq 2a$,所以向量 a 与 b 不共线.

【例 10】 在数轴 Ox 上,设点 A,B 的坐标分别是 x_1,x_2,求向量 $\overrightarrow{OA}$, $\overrightarrow{OB},\overrightarrow{AB}$.

解 $\overrightarrow{OA}=x_1\boldsymbol{e},\overrightarrow{OB}=x_2\boldsymbol{e},\overrightarrow{AB}=\overrightarrow{OB}-\overrightarrow{OA}=(x_2-x_1)\boldsymbol{e}$.

向量的加法、减法和向量的数乘,以及它们的综合运算,通常都叫作**向量的线性运算**.

1. 化简下列各式:

   (1) $2(\boldsymbol{a}+2\boldsymbol{b})+(-3\boldsymbol{b})$;   (2) $3(3\boldsymbol{a}+\boldsymbol{b})-2(\boldsymbol{a}-\boldsymbol{b})$;

   (3) $\dfrac{1}{3}(\boldsymbol{a}+\boldsymbol{b})-\dfrac{1}{3}(\boldsymbol{a}-\boldsymbol{b})$;   (4) $\dfrac{1}{4}(\boldsymbol{a}+\boldsymbol{b}+3\boldsymbol{c})-\dfrac{3}{4}(\boldsymbol{a}+3\boldsymbol{b}+\boldsymbol{c})$.

2. 解下列关于向量 $\boldsymbol{x}$ 的方程:

   (1) $3\boldsymbol{x}+2(\boldsymbol{a}+\boldsymbol{x})=\boldsymbol{0}$;   (2) $2(\boldsymbol{x}-\boldsymbol{a})-3(\boldsymbol{a}-\boldsymbol{b})=\boldsymbol{a}$;

   (3) $4(\boldsymbol{x}+2\boldsymbol{a})+2(\boldsymbol{a}-\boldsymbol{b})=3\boldsymbol{x}$;   (4) $\left(\boldsymbol{x}-\dfrac{1}{2}\boldsymbol{a}\right)+\dfrac{1}{3}(2\boldsymbol{x}-3\boldsymbol{b})=\boldsymbol{0}$.

3. 判断下列各小题中的向量 $\boldsymbol{a}$ 与向量 $\boldsymbol{b}$ 是否共线:

   (1) $\boldsymbol{a}=2\boldsymbol{e},\boldsymbol{b}=-\boldsymbol{e}$;   (2) $\boldsymbol{a}=\boldsymbol{e}_1-\boldsymbol{e}_2,\boldsymbol{b}=-2\boldsymbol{e}_1+2\boldsymbol{e}_2$;

   (3) $\boldsymbol{a}=\boldsymbol{e}_1-\boldsymbol{e}_2,\boldsymbol{b}=\boldsymbol{e}_1+\boldsymbol{e}_2$.

4. 在数轴 Ox 上,点 P 的坐标是 $\dfrac{5}{13}$,点 M 的坐标是 $-\dfrac{7}{13}$,求向量 $\overrightarrow{OP}$, $\overrightarrow{OM},\overrightarrow{PM}$.

1. 任作两个不平行向量 $\boldsymbol{a},\boldsymbol{b}$,然后求作下列向量:

   (1) $\boldsymbol{a}+\boldsymbol{b}$;   (2) $\boldsymbol{a}-\boldsymbol{b}$;   (3) $2\boldsymbol{a}-\boldsymbol{b}$.

2. 化简下列各式:

   (1) $\overrightarrow{OA}+\overrightarrow{CO}+\overrightarrow{BO}+\overrightarrow{OC}$;   (2) $\overrightarrow{AB}-\overrightarrow{AC}+\overrightarrow{BD}-\overrightarrow{CD}$;

   (3) $3(\boldsymbol{a}+2\boldsymbol{b})-2(\boldsymbol{a}-\boldsymbol{b})$;   (4) $3(\boldsymbol{a}-3\boldsymbol{b}+\boldsymbol{c})-2(\boldsymbol{a}+\boldsymbol{b}-2\boldsymbol{c})$.

3. 已知在 $\square ABCD$ 中两条对角线交于点 O,设 $\overrightarrow{OA}=\boldsymbol{a},\overrightarrow{OB}=\boldsymbol{b}$. 试用 $\boldsymbol{a},\boldsymbol{b}$ 表示 $\overrightarrow{OC},\overrightarrow{OD},\overrightarrow{AB},\overrightarrow{AD}$,并作图.

4. 已知数轴上 A,B 两点的坐标分别是 x_1,x_2,求 $\overrightarrow{AB},\overrightarrow{BA}$.

(1) $x_1=-5, x_2=9$；　　　　　　(2) $x_1=6, x_2=12$；

(3) $x_1=1.2, x_2=-3.2$；　　　　(4) $x_1=-3, x_2=-5$.

5. 已知点 P,Q 是线段 AB 的三等分点，O 为平面内的任意一点，$\overrightarrow{OA}=\boldsymbol{a}$，$\overrightarrow{OB}=\boldsymbol{b}$，试用 $\boldsymbol{a}, \boldsymbol{b}$ 表示 $\overrightarrow{OP}, \overrightarrow{OQ}$，并作图.

6. 解下列关于向量 $\boldsymbol{x}$ 的方程：

(1) $(2\boldsymbol{a}+\boldsymbol{x})=3(\boldsymbol{x}-\boldsymbol{b})$；　　　(2) $3(\boldsymbol{b}-\boldsymbol{x})=2(\boldsymbol{a}+\boldsymbol{b}+\boldsymbol{x})$；

(3) $3(\boldsymbol{x}-\boldsymbol{a})-(2\boldsymbol{a}+\boldsymbol{b})=\boldsymbol{0}$；　　(4) $2(\boldsymbol{x}-\boldsymbol{a})=\dfrac{1}{3}(\boldsymbol{a}-2\boldsymbol{x})$.

7. 求证：在 $\triangle ABC$ 中，$\overrightarrow{AB}+\overrightarrow{BC}+\overrightarrow{CA}=\boldsymbol{0}$.

8. 已知 $\overrightarrow{OM}=\dfrac{2}{3}\overrightarrow{OA}+\dfrac{1}{3}\overrightarrow{OB}$，比较 $|\overrightarrow{AM}|$ 与 $|\overrightarrow{AB}|$ 的大小.

9. 设 L, M, N 分别是 $\triangle ABC$ 的三条边 BC, CA, AB 的中点，O 为任意一点，证明：

$$\overrightarrow{OA}+\overrightarrow{OB}+\overrightarrow{OC}=\overrightarrow{OL}+\overrightarrow{OM}+\overrightarrow{ON}.$$

§8.3　向量的坐标运算

1. 位置向量

以原点 O 为始点，A 为终点的向量，叫作点 A 相对于点 O 的**位置向量**. 位置向量用来表示一点相对于另一点的位置. 例如，在谈到西安相对于北京的位置时说"西安位于北京西偏南 $47°$，930 km"，如图 8-19 所示，点 O 表示北京的位置，点 A 表示西安的位置，那么向量 $\overrightarrow{OA}=$ "西偏南 $47°$，930 km" 就表示西安相对于北京的位置.

【例 1】在 $\square ABCD$ 中，设 $\overrightarrow{AB}=\boldsymbol{a}, \overrightarrow{AD}=\boldsymbol{b}$，$AC$ 与 BD 的交点是 O. 求：

(1) 点 D 分别相对于点 B, C 的位置向量；

(2) 点 A, B, C, D 分别相对于

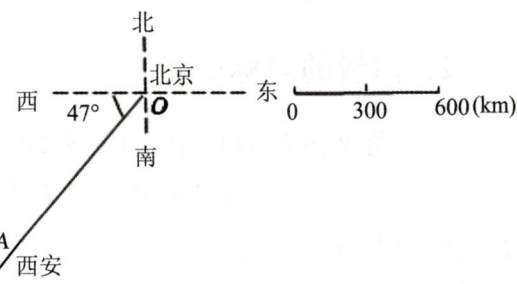

图 8-19

点 O 的位置向量；

(3) 验证：$\overrightarrow{OA}+\overrightarrow{OB}+\overrightarrow{OC}+\overrightarrow{OD}=\mathbf{0}$.

解 (1) 点 D 相对于点 B 的位置向量为
$$\overrightarrow{BD}=\overrightarrow{AD}-\overrightarrow{AB}=\boldsymbol{b}-\boldsymbol{a}.$$

点 D 相对于点 C 的位置向量为
$$\overrightarrow{CD}=\overrightarrow{BA}=-\overrightarrow{AB}=-\boldsymbol{a}.$$

(2) 点 A 相对于点 O 的位置向量为
$$\overrightarrow{OA}=-\overrightarrow{AO}=-\frac{1}{2}\overrightarrow{AC}=-\frac{1}{2}(\boldsymbol{a}+\boldsymbol{b}).$$

点 B 相对于点 O 的位置向量为
$$\overrightarrow{OB}=\frac{1}{2}\overrightarrow{DB}=\frac{1}{2}(\overrightarrow{AB}-\overrightarrow{AD})=\frac{1}{2}(\boldsymbol{a}-\boldsymbol{b}).$$

点 C 相对于点 O 的位置向量为
$$\overrightarrow{OC}=\frac{1}{2}\overrightarrow{AC}=\frac{1}{2}(\overrightarrow{AB}+\overrightarrow{BC})=\frac{1}{2}(\overrightarrow{AB}+\overrightarrow{AD})=\frac{1}{2}(\boldsymbol{a}+\boldsymbol{b}).$$

点 D 相对于点 O 的位置向量为
$$\overrightarrow{OD}=\frac{1}{2}\overrightarrow{BD}=\frac{1}{2}(\overrightarrow{AD}-\overrightarrow{AB})=\frac{1}{2}(\boldsymbol{b}-\boldsymbol{a}).$$

(3) $\overrightarrow{OA}+\overrightarrow{OB}+\overrightarrow{OC}+\overrightarrow{OD}=-\frac{1}{2}(\boldsymbol{a}+\boldsymbol{b})+\frac{1}{2}(\boldsymbol{a}-\boldsymbol{b})+\frac{1}{2}(\boldsymbol{a}+\boldsymbol{b})+\frac{1}{2}(\boldsymbol{b}-\boldsymbol{a})$
$$=\mathbf{0}.$$

练习

1. 设点 O 为平面内的一点，点 A 在点 O "南偏西 $30°$，4 km" 处，点 B 在点 O "东偏北 $60°$，3 km" 处，作出点 A 相对于点 B 的位置向量，并求向量 $\overrightarrow{AB}$.

2. 已知在 $\square ABCD$ 中两条对角线交于点 O，设 $\overrightarrow{OA}=\boldsymbol{a},\overrightarrow{OB}=\boldsymbol{b}$. 试用 $\boldsymbol{a},\boldsymbol{b}$ 表示点 B,D 分别相对于点 A 的位置向量.

2. 向量的坐标表示

在直角坐标系 xOy 中，如图 8-20 所示，用 $\boldsymbol{i}$ 和 $\boldsymbol{j}$ 分别表示 x 轴与 y 轴上的单位向量，对于 xOy 坐标平面上的任意一个向量 $\boldsymbol{a}$，作向量 $\overrightarrow{OP}=\boldsymbol{a}$. 设点 P 的坐标为 $P(x,y)$，过 P 作 x 轴的垂线交 x 轴于点 M，过 P 作 y 轴的垂线交 y 轴于点 N，则 $\overrightarrow{OM}=x\boldsymbol{i},\overrightarrow{ON}=y\boldsymbol{j}$. 由向量的加法可得

$$\overrightarrow{OP} = a = \overrightarrow{OM} + \overrightarrow{ON} = xi + yj. \tag{8-1}$$

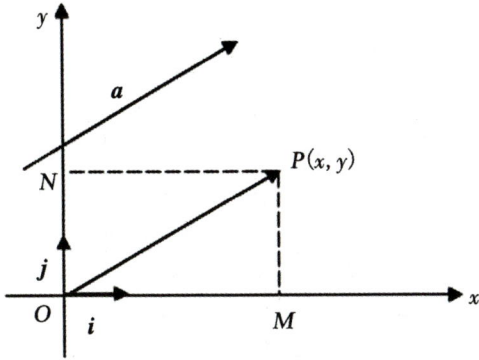

图 8-20

有序实数对 (x,y) 叫作向量 a 在直角坐标系 xOy 中的坐标,记作

$$a = \overrightarrow{OP} = (x, y). \tag{8-2}$$

实际上,式(8-2)是式(8-1)的缩写,其中 x 叫作向量 a 在 x 轴上的坐标分量,y 叫作向量 a 在 y 轴上的坐标分量,坐标轴上的单位向量 i,j 叫作直角坐标平面上的基底或基向量.

我们可以得出,$\mathbf{0}=(0,0), i=(1,0), j=(0,1)$.

把式(8-1)和式(8-2)结合起来,有

$$\overrightarrow{OP} = a = xi + yj = (x, y). \tag{8-3}$$

这就是说,点 P 相对于点 O 的位置向量 $\overrightarrow{OP}$ 的坐标就是点 P 的坐标 (x,y);反之,点 P 的坐标 (x,y) 也是点 P 相对于坐标原点 O 的位置向量 $\overrightarrow{OP}$ 的坐标.

【例2】如图 8-21 所示,用基向量 i,j 分别表示向量 a,b,c,d,并求出它们的坐标.

解　　$a = -2i + 3j = (-2, 3),\quad b = -4i - 2j = (-4, -2),$
　　　　$c = 3i - 3j = (3, -3),\quad d = 5i + 3j = (5, 3).$

下面我们来讨论向量的直角坐标运算.

设 $a = (x_1, y_1), b = (x_2, y_2)$,则

(1) $a + b = (x_1 i + y_1 j) + (x_2 i + y_2 j) = (x_1 + x_2)i + (y_1 + y_2)j$
$= (x_1 + x_2, y_1 + y_2);$

(2) $a - b = (x_1 i + y_1 j) - (x_2 i + y_2 j) = (x_1 - x_2)i + (y_1 - y_2)j$
$= (x_1 - x_2, y_1 - y_2);$

(3) $\lambda a = \lambda(x_1 i + y_1 j) = (\lambda x_1)i + (\lambda y_1)j = (\lambda x_1, \lambda y_1).$

上述三个公式可叙述为

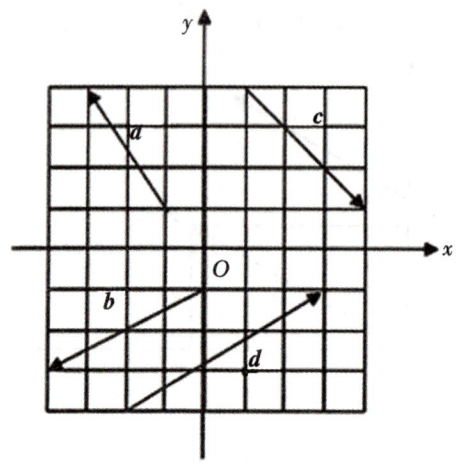

图 8-21

两个向量和(差)的坐标等于它们相应坐标的和(差),数乘向量积的坐标等于数乘上向量相应坐标的积.

如图 8-22 所示,设 $A(x_1,y_1)$,$B(x_2,y_2)$,则
$$\overrightarrow{AB}=\overrightarrow{OB}-\overrightarrow{OA}=(x_2,y_2)-(x_1,y_1)=(x_2-x_1,y_2-y_1).$$
这就是说,一个向量的坐标等于它的终点坐标减去始点坐标.

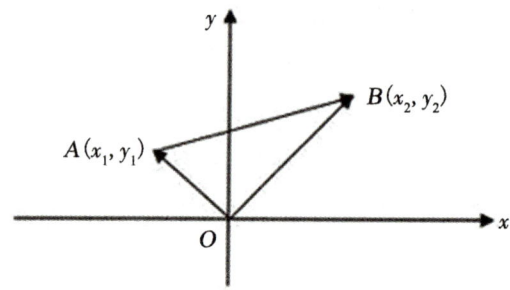

图 8-22

【例 3】 已知 $a=(3,5)$,$b=(-1,4)$,求 $a+b$,$a-b$,$3a-2b$.

解 $a+b=(3,5)+(-1,4)=(3-1,5+4)=(2,9)$;

$a-b=(3,5)-(-1,4)=(3+1,5-4)=(4,1)$;

$3a-2b=3(3,5)-2(-1,4)=(9,15)+(2,-8)=(11,7)$.

【例 4】 在 $\square ABCD$ 中,已知 $A(2,2)$,$B(3,4)$,$C(-1,3)$,求顶点 D 的坐标.

解 设顶点 D 的坐标为 (x,y),则
$$\overrightarrow{AB}=\overrightarrow{OB}-\overrightarrow{OA}=(3,4)-(2,2)=(1,2),$$

$$\overrightarrow{DC}=\overrightarrow{OC}-\overrightarrow{OD}=(-1,3)-(x,y)=(-1-x,3-y).$$

由 $\overrightarrow{AB}=\overrightarrow{DC}$,得

$$(1,2)=(-1-x,3-y).$$

所以
$$\begin{cases}1=-1-x,\\2=3-y,\end{cases}$$

即
$$\begin{cases}x=-2,\\y=1.\end{cases}$$

所求点 D 坐标为 $(-2,1)$.

另解 因为 $\overrightarrow{OD}=\overrightarrow{OA}+\overrightarrow{AD}=\overrightarrow{OA}+\overrightarrow{BC}=\overrightarrow{OA}+\overrightarrow{OC}-\overrightarrow{OB}=(2,2)+(-1,3)-(3,4)=(-2,1)$,所以点 D 的坐标为 $(-2,1)$.

1. 已知向量 a,b 的坐标,求 $a+b,a-b,3a+2b$.

   (1) $a=(1,-2),b=(3,0)$;　　　　(2) $a=(-2,3),b=(3,-5)$;

   (3) $a=(-1,0),b=(2,-3)$;　　　　(4) $a=(2,5),b=(-6,8)$.

2. 已知 A,B 两点的坐标,求 $\overrightarrow{AB},\overrightarrow{BA}$ 的坐标.

   (1) $A(0,3),B(4,0)$;　　　　(2) $A(-2,5),B(1,3)$;

   (3) $A(-5,-3),B(11,-3)$;　　　　(4) $A(-2,3),B(-7,6)$.

3. 向量平行的坐标表示

设 $a=(x_1,y_1),b=(x_2,y_2)$,且 $b\neq 0$. 由于 $a /\!/ b$ 的充要条件是存在唯一的实数 λ,使得 $a=\lambda b$. 用坐标表示,可写为

$$(x_1,y_1)=\lambda(x_2,y_2) \Leftrightarrow x_1=\lambda x_2 \wedge y_1=\lambda y_2 \Leftrightarrow x_1 y_2 - x_2 y_1 = 0.$$

这样就有:

设 $a=(x_1,y_1),b=(x_2,y_2)$,且 $b\neq 0$,则 $a /\!/ b$ 的充要条件是 $x_1 y_2 - x_2 y_1 = 0$.

又因为当 $x_2 \neq 0, y_2 \neq 0$ 时, $x_1 y_2 - x_2 y_1 = 0 \Leftrightarrow \dfrac{x_1}{x_2}=\dfrac{y_1}{y_2}$,所以有:

设 $a=(x_1,y_1),b=(x_2,y_2),x_2 \neq 0, y_2 \neq 0$,则 $a /\!/ b$ 的充要条件是 $\dfrac{x_1}{x_2}=\dfrac{y_1}{y_2}$.

这就是说,**如果两个向量平行,那么两个向量坐标分量成比例;反之,如果两个向量坐标分量成比例,那么这两个向量平行.**

【例5】已知 $a=(-2,y)$，$b=(-3,6)$，且 $a \parallel b$，求 y。

解 因为 $a \parallel b$，所以 $\dfrac{-2}{-3}=\dfrac{y}{6}$，即 $y=4$。

【例6】在四边形 $ABCD$ 中，已知 $A(-3,-1)$，$B\left(-1,-\dfrac{1}{2}\right)$，$C(2,2)$，$D(-2,1)$。判定四边形 $ABCD$ 是否为梯形。

解 因为 $\overrightarrow{AB}=\left(-1,-\dfrac{1}{2}\right)-(-3,-1)=\left(2,\dfrac{1}{2}\right)$，$\overrightarrow{CD}=(-2,1)-(2,2)=(-4,-1)$，而 $\dfrac{2}{-4}=\dfrac{\frac{1}{2}}{-1}$，所以 $\overrightarrow{AB} \parallel \overrightarrow{CD}$。

又因为 $\overrightarrow{AD}=(-2,1)-(-3,-1)=(1,2)$，$\overrightarrow{BC}=(2,2)-\left(-1,-\dfrac{1}{2}\right)=\left(3,\dfrac{5}{2}\right)$，而 $\dfrac{1}{3} \neq \dfrac{2}{\frac{5}{2}}$，所以 $\overrightarrow{AD}$ 与 $\overrightarrow{BC}$ 不平行。

可见，四边形 $ABCD$ 是梯形。

练习

1. 下面各对向量是否平行？
   (1) $a=(-4,0)$，$b=(32,0)$；　　　(2) $a=(-3,2)$，$b=(2,4)$；
   (3) $a=(0,0)$，$b=(8,-6)$；　　　(4) $a=(3,-6)$，$b=(-2,4)$。

2. x 为何值时，$a=(2,3)$ 与 $b=(x,-6)$ 共线？

3. 已知四边形 $ABCD$ 的顶点坐标分别是 $A(0,4)$，$B(-3,0)$，$C(1,-3)$，$D(4,1)$，判断四边形 $ABCD$ 是否为平行四边形。

4. 线段的定比分点坐标公式

设 P_1，P_2 是直线 l 上的两点，点 P 是 l 上不同于 P_1，P_2 的任意一点，则存在一个实数 λ，使得 $\overrightarrow{P_1P}=\lambda\overrightarrow{PP_2}$，$\lambda$ 叫作点 P 分有向线段 $\overrightarrow{P_1P_2}$ 所成的比，点 P 叫作**分点**。如图8-23(1)所示，当点 P 在线段 P_1P_2 上时，$\lambda>0$，这时点 P 叫作**内分点**；如图 8-23(2)和8-23(3)所示，当点 P 在线段 P_1P_2 或 P_2P_1 的延长线上时，$\lambda<0$，这时点 P 叫作**外分点**。

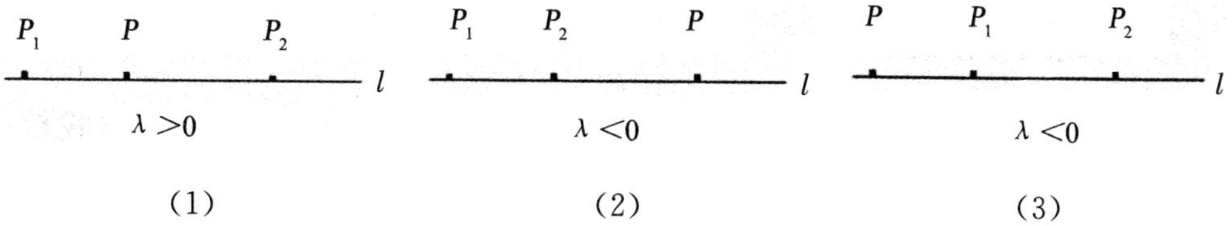

| (1) $\lambda>0$ | (2) $\lambda<0$ | (3) $\lambda<0$ |

图 8-23

下面我们讨论 P_1,P,P_2 的坐标与实数 λ 之间的关系.

设点 P_1,P,P_2 的坐标分别为 (x_1,y_1),(x,y),(x_2,y_2),且 $\overrightarrow{P_1P}=\lambda\overrightarrow{PP_2}$. 求点 P_1,P,P_2 的坐标与实数 λ 之间的关系. 如图 8-24 所示,因为

$$\overrightarrow{P_1P}=(x-x_1,y-y_1),\quad \overrightarrow{PP_2}=(x_2-x,y_2-y),\quad \overrightarrow{P_1P}=\lambda\overrightarrow{PP_2},$$

所以 $(x-x_1,y-y_1)=\lambda(x_2-x,y_2-y)$,即

$$\begin{cases}x-x_1=\lambda(x_2-x),\\ y-y_1=\lambda(y_2-y).\end{cases}$$

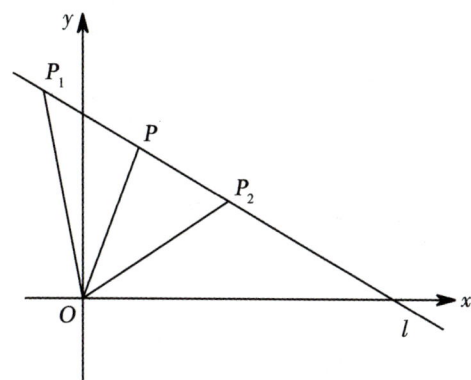

图 8-24

解出 x 和 y,得

$$\begin{cases}x=\dfrac{x_1+\lambda x_2}{1+\lambda},\\ y=\dfrac{y_1+\lambda y_2}{1+\lambda}.\end{cases} \tag{8-4}$$

式(8-4)叫作有向线段 $\overrightarrow{P_1P_2}$ 的**定比分点坐标公式**.

特别地,当 P 是线段 P_1P_2 的中点($\lambda=1$)时,有

$$\begin{cases}x=\dfrac{x_1+x_2}{2},\\ y=\dfrac{y_1+y_2}{2}.\end{cases} \tag{8-5}$$

式(8-5)叫作有向线段 $\overrightarrow{P_1P_2}$ 的**中点坐标公式**. 另外,当 P 是线段 P_1P_2 的中点 ($\lambda=1$)时,有

$$\overrightarrow{P_1P}=\overrightarrow{PP_2} \Leftrightarrow \overrightarrow{OP}-\overrightarrow{OP_1}=\overrightarrow{OP_2}-\overrightarrow{OP}.$$

解之,得

$$\overrightarrow{OP}=\frac{1}{2}(\overrightarrow{OP_1}+\overrightarrow{OP_2}). \qquad (8\text{-}6)$$

式(8-6)是**有向线段中点的向量形式**.

【**例 7**】 已知 $A(-1,4), B(5,-3)$,求有向线段 $\overrightarrow{AB}$ 的中点 M 的坐标.

解 由有向线段中点的坐标公式,可得

$$x=\frac{-1+5}{2}=2,$$

$$y=\frac{4+(-3)}{2}=\frac{1}{2}.$$

所以,点 M 的坐标为 $\left(2, \dfrac{1}{2}\right)$.

【**例 8**】 已知两点 $P_1(3,2), P_2(-2,3)$,求点 $P(x,1)$ 分 $\overrightarrow{P_1P_2}$ 所成的比 λ 及 x 的值.

解 由线段的定比分点坐标公式,可得

$$\begin{cases} x=\dfrac{3+\lambda(-2)}{1+\lambda}, \\ 1=\dfrac{2+3\lambda}{1+\lambda}. \end{cases}$$

解之,得

$$\lambda=-\frac{1}{2}, \quad x=8.$$

练习

1. 求有向线段 $\overrightarrow{AB}$ 的中点坐标:
   (1) $A(5,4), B(-3,0)$; (2) $A(-3,-1), B(5,7)$.

2. 已知两点 $P_1(-1,3), P_2(2,5)$,求点 $P(x,4)$ 分 $\overrightarrow{P_1P_2}$ 所成的比 λ 及 x 的值.

5. 向量模的坐标公式

已知向量 $\boldsymbol{a}=x\boldsymbol{i}+y\boldsymbol{j}=(x,y)$,如图 8-25 所示. 由勾股定理可得

$$|\boldsymbol{a}| = \sqrt{x^2+y^2}. \tag{8-7}$$

式(8-7)就是 向量模(长度)的坐标计算公式.

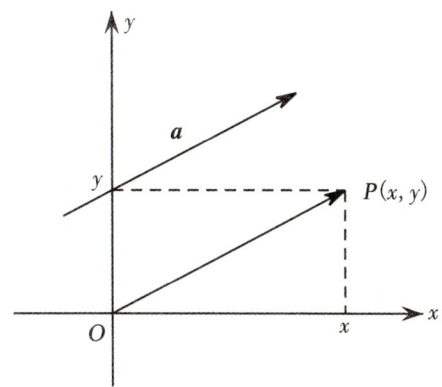

图 8-25

【例 9】设 $\boldsymbol{a}=(-3,4), \boldsymbol{b}=(-1,-2)$,求 $|\boldsymbol{a}|,|\boldsymbol{b}|$.

解 $|\boldsymbol{a}| = \sqrt{(-3)^2+4^2}=5$, $|\boldsymbol{b}|=\sqrt{(-1)^2+(-2)^2}=\sqrt{5}$.

【例 10】已知 $M(3,5), N(-1,4)$,求 $\overrightarrow{MN}, |\overrightarrow{MN}|$.

解 $\overrightarrow{MN}=(-1,4)-(3,5)=(-4,-1)$,

$|\overrightarrow{MN}|=\sqrt{(-4)^2+(-1)^2}=\sqrt{17}.$

一般地,设 $A(x_1,y_1), B(x_2,y_2)$,则 $\overrightarrow{AB}=(x_2-x_1, y_2-y_1)$,由式(8-7)可得

$$|\overrightarrow{AB}|=\sqrt{(x_2-x_1)^2+(y_2-y_1)^2}. \tag{8-8}$$

式(8-8)就是第 1 册§2.2 中学习过的平面内 两点间的距离公式. 这个公式也可表示为 两点间的距离等于它们相应的坐标差的平方和的算术平方根. A,B 两点间的距离也可记为 $|AB|$.

【例 11】设 $\triangle ABC$ 三个顶点分别为 $A(-1,-6), B(-2,-3), C(19,4)$,试判断 $\triangle ABC$ 的形状.

解 由两点间的距离公式,可得

$|AB|=\sqrt{[-2-(-1)]^2+[-3-(-6)]^2}=\sqrt{10}$,

$|AC|=\sqrt{[19-(-1)]^2+[4-(-6)]^2}=10\sqrt{5}$,

$|BC|=\sqrt{[19-(-2)]^2+[4-(-3)]^2}=7\sqrt{10}$.

由于 $|AB|^2+|BC|^2=|AC|^2$,所以 $\triangle ABC$ 为直角三角形.

【例 12】设 $\triangle ABC$ 的三个顶点分别为 $A(1,1), B(3,-5), C(-3,-1)$,求:

(1) BC 边上的中点 D 的坐标;

(2) 向量 $\overrightarrow{AD}$ 的坐标;

(3) BC 边上的中线 AD 的长度.

解 (1) 设点 D 的坐标为 (x, y),则

$$x = \frac{3-3}{2} = 0,$$

$$y = \frac{-5+(-1)}{2} = -3.$$

所以,BC 边上的中点 D 的坐标为 $(0, -3)$.

(2) $\overrightarrow{AD}$ 的坐标是 $\overrightarrow{AD} = (0, -3) - (1, 1) = (-1, -4)$.

(3) BC 边上的中线 AD 的长度是 $|\overrightarrow{AD}| = \sqrt{(-1)^2 + (-4)^2} = \sqrt{17}$.

练习

1. 已知点 A, B 的坐标,求向量 $\overrightarrow{AB}$ 的模:

   (1) $A(-4, 2), B(-4, -1)$;   (2) $A(-3, -2), B(1, 2)$;

   (3) $A(-2, 0), B(0, -2)$;   (4) $A(2, 3), B(1, 1)$.

2. 判断由三点 $A(-2, 3), B(1, 4), C(0, 1)$ 构成的三角形的形状.

习题 8.3

1. 计算下列各式:

   (1) $(2, -1) + (4, -5) - (1, -8)$;

   (2) $2(1, -4) + 3(-1, 5)$;

   (3) $\frac{1}{2}(-6, 4) + \frac{1}{3}(-3, -6)$;

   (4) $\frac{1}{5}(-15, 5) - \frac{1}{3}(3, -6) + \frac{1}{2}(2, -4)$.

2. 已知 $\boldsymbol{a} = (-1, 5), \boldsymbol{b} = (2, -6)$,实数 x, y 满足 $x\boldsymbol{a} + \boldsymbol{b} = (2, y)$. 求 x, y 的值.

3. 已知点 $M(4, y)$ 是联结点 $P(6, 5)$ 和 $Q(x, 2)$ 的线段的中点,求 x, y.

4. 已知 $\square ABCD$ 的顶点 $A(-2, 1), B(-1, 3), C(3, 4)$,求顶点 D 的坐标.

5. 已知四边形 $ABCD$ 的顶点为 $A(-3,0),B\left(-\dfrac{1}{2},1\right),C(5,2),D(0,4)$，试判定该四边形是否为平行四边形.

6. 已知 $A(5,-2),B(3,1)$，求线段 AB 中点 M 的坐标和三等分点 P,Q 的坐标，并作图.

7. 已知点 $A(-1,1),B(-4,5)$，且 $\overrightarrow{BC}=3\overrightarrow{BA},\overrightarrow{AD}=\dfrac{1}{2}\overrightarrow{AB},\overrightarrow{AE}=3\overrightarrow{AB}$，求点 C,D,E 的坐标.

8. 已知点 $A(6,-3),B(-2,4)$，且 $\overrightarrow{OP}=\dfrac{1}{3}\overrightarrow{OA},\overrightarrow{OQ}=\dfrac{1}{2}\overrightarrow{OB}$，求向量 $\overrightarrow{PQ}$ 的坐标及长度.

9. 已知 $\triangle ABC$ 的三个顶点 $A(1,2),B(5,0),C(3,4)$，求 $\triangle ABC$ 的三条边的长.

10. 已知点 $P(x,2),Q(-2,-3),M(1,1)$，且 $|\overrightarrow{PQ}|=|\overrightarrow{PM}|$，求 x 的值.

11. 设 O 为平面内的任意一点，$\triangle ABC$ 的三个顶点相对于点 O 的位置向量分别为 $\overrightarrow{OA}=\boldsymbol{a},\overrightarrow{OB}=\boldsymbol{b},\overrightarrow{OC}=\boldsymbol{c}$，试求 $\triangle ABC$ 的重心 G 相对于点 O 的位置向量.

12. 已知 AM 是 $\triangle ABC$ 的 BC 边上的中线，用向量的坐标法证明：
$$|\overrightarrow{AM}|^2=\dfrac{1}{2}(|\overrightarrow{AB}|^2+|\overrightarrow{AC}|^2)-|\overrightarrow{BM}|^2.$$

13. 用向量的坐标法证明：三角形的中位线平行且等于底边的一半.

§8.4　向量的数量积

1. 向量数量积的定义

对于两个非零向量 $\boldsymbol{a}$ 和 $\boldsymbol{b}$，如图 8-26 所示，作 $\overrightarrow{OA}=\boldsymbol{a},\overrightarrow{OB}=\boldsymbol{b}$，则 $\angle AOB$ 叫作向量 $\boldsymbol{a}$ 和 $\boldsymbol{b}$ 的夹角，记作 $<\boldsymbol{a},\boldsymbol{b}>$.

数学中规定：$0\leqslant <\boldsymbol{a},\boldsymbol{b}>\leqslant \pi$.

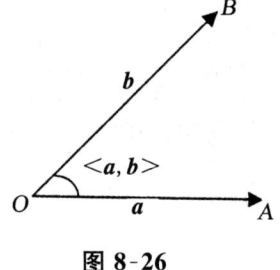

图 8-26

按照这个规定,两个非零向量的夹角是唯一确定的,并且有 $<a,b>=<b,a>$.

定义 两个非零向量 a,b 的模与其夹角余弦的乘积 $|a|\cdot|b|\cos<a,b>$ 叫作向量 a 和 b 的**数量积**,记作"$a\cdot b$",读作"向量 a 乘向量 b",即

$$a\cdot b=|a|\cdot|b|\cos<a,b>.$$

当 a 与 b 中至少有一个为零向量时,我们规定 $a\cdot b=0$.

$a\cdot b$ 之所以称为数量积,是因为数量积是一个实数,它可以是正数,也可以是负数. 数量积也称作**内积**或**点积**.

由数量积的定义,可得到下列一些性质与公式:

(1) $a\cdot b=b\cdot a$;

(2) 如果 e_1,e_2 为单位向量,那么 $e_1\cdot e_2=\cos<e_1,e_2>$;

(3) $|a\cdot b|\leqslant|a||b|$;

(4) 习惯上把 $a\cdot a$ 简记为 a^2,即 $a^2=a\cdot a=|a|^2$ 或 $|a|=\sqrt{a\cdot a}$;

(5) $\cos<a,b>=\dfrac{a\cdot b}{|a|\cdot|b|}$(其中 a 与 b 都是非零向量);

(6) $\lambda(a\cdot b)=(\lambda a)\cdot b=a\cdot(\lambda b)$;

(7) $(a+b)\cdot c=a\cdot c+b\cdot c$.

【例1】 已知 $|a|=5,|b|=4,<a,b>=120°$,求 $a\cdot b$.

解 由数量积的定义可得,

$$a\cdot b=|a|\cdot|b|\cos<a,b>=5\times 4\times\cos 120°=5\times 4\times\left(-\dfrac{1}{2}\right)=-10.$$

【例2】 已知 $a\cdot b=-5,|a|=2,|b|=5$,求 $<a,b>$.

解 因 $\cos<a,b>=\dfrac{a\cdot b}{|a|\cdot|b|}=\dfrac{-5}{2\times 5}=-\dfrac{1}{2}$,而 $0\leqslant<a,b>\leqslant\pi$,故有 $<a,b>=120°$.

练习

1. 已知 $|a|,|b|,<a,b>$,求 $a\cdot b$.

   (1) $|a|=3,|b|=5,<a,b>=60°$;

   (2) $|a|=13,|b|=12,<a,b>=\dfrac{\pi}{2}$;

   (3) $|a|=9,|b|=8,<a,b>=0°$;

(4) $|a|=13, |b|=5, <a,b>=120°$.

2. 已知 $a \cdot b, |a|, |b|$，求 $<a,b>$.

(1) $a \cdot b = -4, |a|=2, |b|=4$； (2) $a \cdot b = 7, |a|=\sqrt{7}, |b|=\sqrt{7}$；

(3) $a \cdot b = 0, |a|=4, |b|=5$； (4) $a \cdot b = 5\sqrt{3}, |a|=5, |b|=2$.

2. 向量数量积的运算法则

由向量数量积的定义，可以直接计算得出坐标轴上的单位向量 i, j 间有下列关系：

$$i^2 = i \cdot i = 1, \quad i \cdot j = j \cdot i = 0, \quad j^2 = j \cdot j = 1.$$

在平面直角坐标系中，已知 $a=(x_1, y_1), b=(x_2, y_2)$，则

$$a \cdot b = x_1 x_2 + y_1 y_2.$$

事实上，$a \cdot b = (x_1 i + y_1 j) \cdot (x_2 i + y_2 j)$
$= x_1 i \cdot x_2 i + x_1 i \cdot y_2 j + y_1 j \cdot x_2 i + y_1 j \cdot y_2 j$
$= x_1 x_2 i^2 + x_1 y_2 i \cdot j + y_1 x_2 i \cdot j + y_1 y_2 j^2$
$= x_1 x_2 + y_1 y_2.$

这就是说，两个向量的数量积等于它们同名坐标乘积的和.

【例 3】已知 $a=(-3,1), b=(2,-4)$，求 $a \cdot b, |a|, |b|, <a,b>$.

解 因为 $a \cdot b = -3 \times 2 + 1 \times (-4) = -10, |a| = \sqrt{(-3)^2 + 1^2} = \sqrt{10}$，$|b| = \sqrt{2^2 + (-4)^2} = 2\sqrt{5}, \cos<a,b> = \dfrac{a \cdot b}{|a| \cdot |b|} = \dfrac{-10}{\sqrt{10} \times 2\sqrt{5}} = -\dfrac{\sqrt{2}}{2}$，而 $0 \leqslant <a,b> \leqslant \pi$，所以 $<a,b> = \dfrac{3}{4}\pi$.

练习

1. 已知 $a=(-1,2), b=(3,-1)$，求 $a \cdot b, |a|, |b|, <a,b>$.
2. 已知 $a=(-3,4), b=(-6,8)$，求 $|a|, |b|, a \cdot b$.
3. 证明 $|a \cdot b| \leqslant |a||b|$.

3. 两个向量垂直的条件

对于两个非零向量 a, b，如果 $<a,b> = \dfrac{\pi}{2}$，那么称向量 a 与向量 b 垂直，记作

"$a \perp b$",读作"a 垂直于 b"或"a 与 b 垂直". 这也可以说成是"向量 a 与向量 b 正交".

如果 $a \perp b$,那么 $a \cdot b = 0$;反之,如果 $a \neq \mathbf{0}, b \neq \mathbf{0}$,且满足 $a \cdot b = 0$,那么 $a \perp b$.

事实上,若 $a \perp b$,则 $a \cdot b = |a| \cdot |b| \cos<a,b> = |a||b|\cos\frac{\pi}{2} = 0$;反之,因为 a,b 都是非零向量,$|a| \neq 0, |b| \neq 0$,得出 $\cos<a,b> = \frac{a \cdot b}{|a| \cdot |b|} = 0$,而 $0 \leq <a,b> \leq \pi$,所以就有 $<a,b> = \frac{\pi}{2}$,即 $a \perp b$.

这就是说,**两个非零向量垂直的充要条件是它们的数量积等于零**,即
$$a \perp b \Leftrightarrow a \cdot b = 0 (a \neq \mathbf{0}, b \neq \mathbf{0}).$$

另外,若 $a=(x_1,y_1), b=(x_2,y_2)$,则 $a \perp b \Leftrightarrow a \cdot b = x_1 x_2 + y_1 y_2 = 0$.

这就是说,**两个非零向量垂直的充要条件是它们同名坐标乘积的和等于零**. 要证明两条直线或两个向量垂直,可通过计算它们的数量积来解决.

【**例 4**】已知 $A(1,2), B(2,3), C(-2,5)$,求证:$\triangle ABC$ 为直角三角形.

证明 因为 $\overrightarrow{AB}=(2,3)-(1,2)=(1,1), \overrightarrow{AC}=(-2,5)-(1,2)=(-3,3)$,所以有 $\overrightarrow{AB} \cdot \overrightarrow{AC} = 1 \times (-3) + 1 \times 3 = 0$,故 $\overrightarrow{AB} \perp \overrightarrow{AC}$,可见 $\triangle ABC$ 为直角三角形.

1. 下面各对向量是否垂直?
   (1) $a=(2,3), b=(-3,2)$;   (2) $a=(4,1), b=(-3,2)$;
   (3) $a=(3,0), b=(0,2)$;   (4) $a=(-4,10), b=(-5,-2)$.

2. 在 $\triangle ABC$ 中,$|\overrightarrow{AB}|=4, |\overrightarrow{AC}|=5, \angle BAC=\frac{\pi}{6}$,求 $\overrightarrow{AB} \cdot \overrightarrow{AC}$.

习题 8.4

1. 判断题:
   (1) 若 $a=(1,2), b=(4,-2)$,则 $a \perp b$.   (   )
   (2) 若 $a=(3,2), b=(-6,-4)$,则 $a // b$.   (   )
   (3) 若 $a=(3,4)$,则 $|a|=5$.   (   )
   (4) 若 $|a|=3, |b|=2, <a,b>=60°$,则 $a \cdot b = 3$.   (   )
   (5) 若 $|a|=3$,则 $a^2=8$.   (   )

(6) 若 $M(2,-3), N(-1,-2)$，则 $|\overrightarrow{MN}|=\sqrt{5}$. （　　）

2. 已知 $|a|=2$，$|b|=3$，$<a,b>=150°$，求 $a \cdot b$.

3. 已知 $a=(1,2)$，$b=(4,-3)$，求：

  (1) $a \cdot b$；   (2) $(a+b) \cdot (a-b)$；

  (3) $(a+b) \cdot (2a-b)$； (4) $(a-b)^2$.

4. 已知 $A(-2,-1)$，$B(1,2)$，$C(-5,8)$，求证：△ABC 为直角三角形.

5. 求证：$a \cdot b = \dfrac{1}{2}[(a+b)^2 - a^2 - b^2]$.

6. 证明：

  (1) $(a+b)^2 = a^2 + 2a \cdot b + b^2$； (2) $(a-b)^2 = a^2 - 2a \cdot b + b^2$.

§8.5　解　三　角　形

1. 三角形及其基本性质

设 A,B,C 是不在同一条直线上的任意三点，联结 AB,BC,CA 所构成的几何图形叫作**三角形**，记作"△ABC". 如图 8-27 所示，其中线段 AB,BC,CA 叫作△ABC 的三条边，点 A,B,C 叫作△ABC 的三个顶点，角 $\angle CAB$，$\angle ABC$，$\angle BCA$ 叫作△ABC 的三个**内角**，也可以记为 $\angle A,\angle B,\angle C$，或者直接简记为 A,B,C. 这种与顶点的记号混同的情况在实践中不会引起混乱，本书中仍沿用这种习惯. 三角形的一条边与另一条边的延长线所构成的角叫作三角形的**外角**. 线段 AB,BC,CA 的长叫作△ABC 的边长，分别记为 c,a,b，即 $AB=c, BC=a, CA=b$.

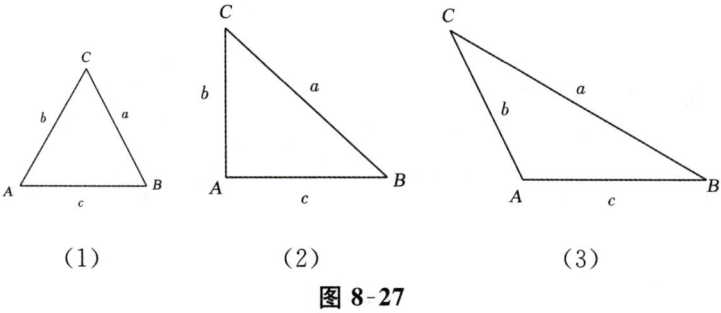

图 8-27

三个内角都是锐角的三角形叫作 锐角三角形,如图 8-27(1)所示;有一个内角是直角的三角形叫作 直角三角形,如图 8-27(2)所示;有一个内角是钝角的三角形叫作 钝角三角形,如图 8-27(3)所示.

所有三角形都可以按上述三种类型来进行分类.

在△ABC 中,三条边长 a,b,c 和三个内角 A,B,C 叫作三角形的六个 基本元素,由已知的一些基本元素求出另外一些基本元素的过程叫作 解三角形.关于解直角三角形我们已经很熟悉,为了求解任意三角形,本节先来复习三角形的一些基本性质,再来学习正弦定理和余弦定理.

如图 8-28 所示,在△ABC 中,延长 AB 至 D,过 B 作 AC 的平行线 BE,易见 ∠DBE=∠BAC=∠1,∠EBC=∠BCA=∠2,可得∠DBC=∠DBE+∠EBC=∠1+∠2,而∠DBE+∠EBC+∠CBA=180°(平角),所以∠1+∠2+∠3=180°.这样就得到了三角形如下的一些基本性质.

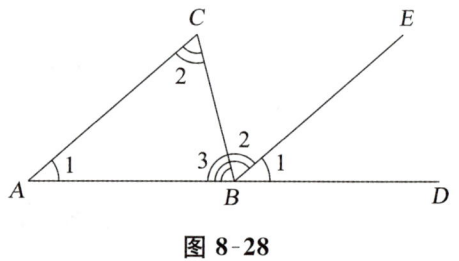

图 8-28

性质 1 在△ABC 中,三个内角之和等于 180°,即 $A+B+C=180°$.

性质 2 三角形的任意一个外角等于与它不相邻的两个内角之和.

性质 3 三角形的任意两边之和大于第三边,两边之差小于第三边.

性质 4 在三角形中,大角对大边,大边对大角.

性质 5 在△ABC 中,$\vec{AB}+\vec{BC}+\vec{CA}=0$.

2. 正弦定理

在△ABC 中,过 C 作边 AB 所在直线的垂线,垂足为 F,则线段 CF 叫作△ABC 在 AB 边上的高,如图 8-29 所示.由三角函数的知识可知,在图8-29(1),(2),(3)中都有 $CF=b\sin A$.

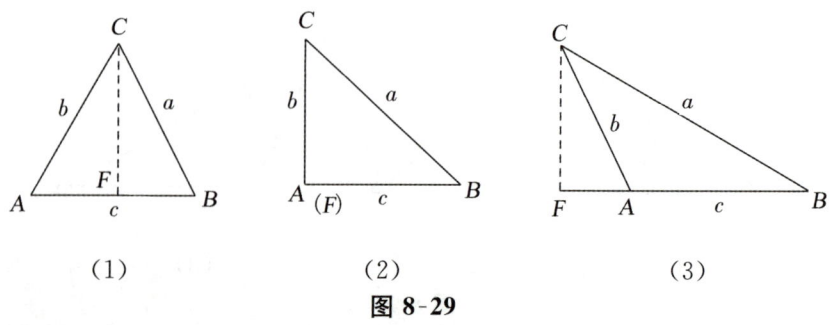

(1)　　　　　(2)　　　　　(3)

图 8-29

事实上,在图 8-29(1)中,$CF=b\sin A$;在图 8-29(2)中,$CF=CA=b=b\sin 90°=b\sin A$;在图 8-29(3)中,$CF=b\sin\angle CAF=b\sin(180°-\angle CAF)=b\sin A$. 这就是说,在任意△ABC中,都有 $CF=b\sin A$. 同理可得 $CF=a\sin B$. 即在△ABC中,恒有

$$b\sin A = a\sin B \Leftrightarrow \frac{a}{\sin A} = \frac{b}{\sin B}.$$

考虑△ABC在BC边上的高,恒有

$$c\sin B = b\sin C \Leftrightarrow \frac{b}{\sin B} = \frac{c}{\sin C}.$$

再考虑△ABC在CA边上的高,恒有

$$c\sin A = a\sin C \Leftrightarrow \frac{a}{\sin A} = \frac{c}{\sin C}.$$

综合上述讨论,可得到下面的定理:

正弦定理 在一个三角形中,各边和它所对的角的正弦的比相等,即

$$\frac{a}{\sin A} = \frac{b}{\sin B} = \frac{c}{\sin C}. \tag{8-9}$$

根据上述讨论还可以得出三角形面积的计算公式:

$$S_{\triangle ABC} = \frac{1}{2}bc\sin A = \frac{1}{2}ac\sin B = \frac{1}{2}ab\sin C. \tag{8-10}$$

利用正弦定理,可以解决三角形的下列两类问题:

(1) 已知两角和任一边,求其他两边和另一角;

(2) 已知两边和其中一边的对角,求另一边的对角,再求出其他的边和角.

【例1】 在△ABC中,已知 $b=8, A=75°, B=45°$,求 c.

解 由于 $C=180°-(A+B)=180°-(75°+45°)=60°$,而 $\frac{b}{\sin B}=\frac{c}{\sin C}$,所以 $c=\frac{b\cdot\sin C}{\sin B}=\frac{8\times\sin 60°}{\sin 45°}=4\sqrt{6}$.

【例2】 在△ABC中,已知 $c=10, A=45°, C=30°$,求 a, b 和 $S_{\triangle ABC}$.

解 由正弦定理可知 $a=\frac{c\sin A}{\sin C}=\frac{10\sin 45°}{\sin 30°}=10\sqrt{2}$.

因为 $B=180°-(A+C)=105°$,所以

$$\sin B = \sin 105° = \sin(45°+60°) = \frac{\sqrt{6}+\sqrt{2}}{4},$$

$$b=\frac{c\sin B}{\sin C}=\frac{10\times\frac{\sqrt{6}+\sqrt{2}}{4}}{\frac{1}{2}}=5(\sqrt{6}+\sqrt{2}).$$

$$S_{\triangle ABC}=\frac{1}{2}ab\sin C=\frac{1}{2}\times 10\sqrt{2}\times 5(\sqrt{6}+\sqrt{2})\times\frac{1}{2}=25(\sqrt{3}+1).$$

3. 余弦定理

在 $\triangle ABC$ 中,设 a,b,c 分别表示 A,B,C 的对边,即 $BC=a,CA=b,AB=c$,如图 8-30 所示.

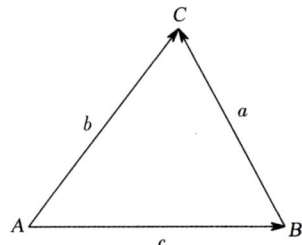

图 8-30

因为 $\overrightarrow{AC}=\overrightarrow{AB}+\overrightarrow{BC}$,所以
$$\begin{aligned}b^2 &= (\overrightarrow{AB}+\overrightarrow{BC})^2\\ &= \overrightarrow{AB}^2+2\overrightarrow{AB}\cdot\overrightarrow{BC}+\overrightarrow{BC}^2\\ &= \overrightarrow{AB}^2+2|\overrightarrow{AB}|\cdot|\overrightarrow{BC}|\cos(180°-B)+\overrightarrow{BC}^2\\ &= c^2+a^2-2ac\cos B.\end{aligned}$$

同理可得 $a^2=b^2+c^2-2bc\cos A$,$c^2=a^2+b^2-2ab\cos C$.

综合上述讨论,得到以下定理:

余弦定理 三角形任何一边的平方等于其他两边平方的和减去这两边与它们夹角的余弦的积的两倍,即

$$\begin{cases}a^2=b^2+c^2-2bc\cos A,\\ b^2=c^2+a^2-2ac\cos B,\\ c^2=a^2+b^2-2ab\cos C\end{cases} \quad (8\text{-}11)$$

或 $\begin{cases} \cos A = \dfrac{b^2+c^2-a^2}{2bc}, \\ \cos B = \dfrac{c^2+a^2-b^2}{2ac}, \\ \cos C = \dfrac{a^2+b^2-c^2}{2ab}. \end{cases}$ (8-12)

利用余弦定理可以解决三角形的下列两类问题：

(1) 已知三条边,求三个角;

(2) 已知两条边和它们的夹角,求第三边和其他两个角.

【例3】 在 $\triangle ABC$ 中,已知 $a=2.730, b=3.696, C=82°18'$,求 c, A, B(边长保留 4 个有效数字,角度精确到 $1'$).

解 因为
$$c^2 = a^2+b^2-2ab\cos C$$
$$= 2.730^2 + 3.696^2 - 2\times 2.730\times 3.696\times\cos 82°18'$$
$$\approx 18.4095,$$

所以 $c \approx 4.291$.

又因为 $\cos A = \dfrac{b^2+c^2-a^2}{2bc} \approx \dfrac{3.696^2+4.291^2-2.730^2}{2\times 3.696\times 4.291} \approx 0.7762$,所以 $A \approx 39°5'$. 于是有 $B = 180°-(A+C) \approx 180°-(39°5'+82°18') \approx 58°37'$.

1. 在 $\triangle ABC$ 中,已知 $c=3, A=60°, B=45°$,求 a, b 和 $S_{\triangle ABC}$(边长保留 2 个有效数字).

2. 在 $\triangle ABC$ 中,已知 $b=11, c=15, A=36°$,求 a, B, C(边长保留 4 个有效数字,角度精确到 $1'$).

1. 根据下列条件,解三角形(边长保留 4 个有效数字,角度精确到 $1'$):

(1) $a=5, b=7, B=60°$;   (2) $a=10, c=13, A=70°$;

(3) $b=12, c=18, C=34°$;   (4) $a=7, b=5, c=3$.

2. 在 $\triangle ABC$ 中,已知 $b=3, c=5, A=60°$,求 $S_{\triangle ABC}$.

3. 在△ABC中,已知 $a=10.63, c=15.30, B=58°16'$,求 b, A, C(边长保留4个有效数字,角度精确到 $1'$).

4. 平行四边形的两条邻边长分别为 m 和 n,夹角为 θ,求这个平行四边形的两条对角线的长以及平行四边形的面积.

名 词 索 引

向量 vector(1)	矢量 vector(1)
有向线段 directed line segment(1)	零向量 zero vector(1)
单位向量 unit vector(1)	固定向量 fixed vector(2)
自由向量 freedom vector(2)	共线向量 collinear vectors(2)
平行向量 parallel vectors(2)	相反向量 instead vector(2)
负向量 negative vector(2)	和向量 sum vector(6)
差向量 difference vector(8)	数乘向量 vector multiplied by the number(10)
位置向量 position vector(13)	坐标表示 coordinate representation(14)
基底 base(15)	基向量 base vectors(15)
向量模 vector modules(21)	数量积 scalar product(24)
内积 inner product(24)	点积 dot product(24)
三角形 triangle(27)	锐角三角形 acute triangle(28)
直角三角形 right triangle(28)	钝角三角形 obtuse triangle(28)
正弦定理 sine theorem(29)	余弦定理 cosine theorem(30)

数 学 符 号

$a, b, c, \cdots$ 印刷体中表示向量的符号.

$\vec{a}, \vec{b}, \vec{c}, \cdots$ 手写时表示向量的符号.

$|a|$ 表示向量 a 的长度的符号,通常读作"向量 a 的模".

0 表示零向量的符号,也可以用符号 $\vec{0}$ 表示零向量,它是唯一的一个没有确定方向的向量.

a_0 表示与向量 a 同向的单位向量,通常有 $a_0 = \dfrac{1}{|a|} a$.

$\overrightarrow{AB}$ 表示有向线段的符号,用它来表示向量 a 时,常把 A 说成是始点, B 说成是终点.

// 表示平行的符号,在中国和日本的教科书中较常见,如 $a // b$ 表示向量 a 与向量 b 平行.

第 8 章 平面向量

$\perp$ 表示垂直的符号,常用来表示两条直线或两个向量垂直,如 $a \perp b$ 表示向量 a 与向量 b 垂直.

$\square$ 表示平行四边形的符号,如 $\square ABCD$ 表示以 A,B,C,D 为顶点的平行四边形.

$a \cdot b$ 表示向量 a 和向量 b 的数量积的符号,向量数量积也称作内积或点积.

$<a,b>$ 表示向量 a 和向量 b 的夹角的符号,一般有 $0 \leqslant <a,b> \leqslant \pi$.

$\angle$ 角的象形符号,如 $\angle A = 30°$ 表示 A 是一个 $30°$ 的角,在几何学中,可以直接简写为 $A=30°$.

S 表示平面图形或曲面面积的符号,如 $S_{\triangle ABC}$ 表示 $\triangle ABC$ 的面积.

常 用 公 式

$0+a=a+0=a$

$a+b=b+a$

$a-b=a+(-b)$

$1a=a \quad (-1)a=-a$

$(\lambda+\mu)a=\lambda a+\mu a$

$a_0 = \dfrac{1}{|a|}a \ (a \neq 0)$

$xi+yj=(x,y)$

$0 \leqslant <a,b> \leqslant \pi$

$a \cdot b = b \cdot a$

$|a|=\sqrt{a \cdot a}$

$\lambda(a \cdot b)=(\lambda a) \cdot b = a \cdot (\lambda b)$

$a \perp b \Leftrightarrow a \cdot b = 0 (a \neq 0 \wedge b \neq 0)$

在 $\triangle ABC$ 中:

$a^2 = b^2+c^2-2bc\cos A$

$c^2 = a^2+b^2-2ab\cos C$

$S_{\triangle ABC} = \dfrac{1}{2}bc\sin A = \dfrac{1}{2}ac\sin B = \dfrac{1}{2}ab\sin C$

$a+(-a)=(-a)+a=0$

$(a+b)+c=a+(b+c)=a+b+c$

$0a=0 \quad \lambda 0 = 0$

$\lambda(\mu a)=(\lambda \mu)a$

$\lambda(a+b)=\lambda a + \lambda b$

$\mathbf{0}=(0,0) \quad i=(1,0) \quad j=(0,1)$

$|xi+yj|=|(x,y)|=\sqrt{x^2+y^2}$

$a \cdot b = |a| \cdot |b| \cos <a,b>$

$a^2 = a \cdot a = |a|^2$

$|a \cdot b| \leqslant |a||b|$

$(a+b) \cdot c = a \cdot c + b \cdot c$

$b^2 = c^2+a^2-2ac\cos B$

$\dfrac{a}{\sin A}=\dfrac{b}{\sin B}=\dfrac{c}{\sin C}$

复 习 题 A

1. 选择题：

   (1) 已知点 $M(3,5)$ 是 $A(x,3)$ 和 $B(4,y)$ 的中点，则有（　　）.
      A. $x=-2, y=-7$　　　　　B. $x=2, y=7$
      C. $x=2, y=-7$　　　　　D. $x=-2, y=7$

   (2) 已知 A, B 的坐标分别为 $(-3,-2), (1,2)$，则 $\overrightarrow{AB}$ 的坐标为（　　）.
      A. $(4,4)$　　　　　B. $(-4,-4)$
      C. $(4,-4)$　　　　D. $(-4,4)$

   (3) 下面哪对向量是平行的（　　）.
      A. $\boldsymbol{a}=(-4,0), \boldsymbol{b}=(3,2)$　　　　B. $\boldsymbol{a}=(-3,2), \boldsymbol{b}=(2,4)$
      C. $\boldsymbol{a}=(0,0), \boldsymbol{b}=(8,-6)$　　　　D. $\boldsymbol{a}=(5,2), \boldsymbol{b}=(2,5)$

   (4) 已知 $|\boldsymbol{a}|=3, |\boldsymbol{b}|=4$，两向量的夹角为 $120°$，则 $\boldsymbol{a} \cdot \boldsymbol{b}=$（　　）.
      A. $6\sqrt{3}$　　　B. -6　　　C. $-6\sqrt{3}$　　　D. 6

   (5) 已知 $\boldsymbol{a}=(-3,1), \boldsymbol{b}=(2,-4)$，则 $\boldsymbol{a} \cdot \boldsymbol{b}=$（　　）.
      A. 14　　　B. 10　　　C. -10　　　D. -14

   (6) 下面哪对向量是垂直的（　　）.
      A. $\boldsymbol{a}=(2,3), \boldsymbol{b}=(3,2)$　　　　B. $\boldsymbol{a}=(-3,2), \boldsymbol{b}=(-2,3)$
      C. $\boldsymbol{a}=(3,2), \boldsymbol{b}=(-2,-3)$　　　D. $\boldsymbol{a}=(-3,2), \boldsymbol{b}=(2,3)$

   (7) 已知 $\boldsymbol{a}=(x,12)$，且 $|\boldsymbol{a}|=13$，则 $x=$（　　）.
      A. 5　　　B. -5　　　C. ± 5　　　D. 25

   (8) 已知 $\boldsymbol{a} \cdot \boldsymbol{b}=-2, |\boldsymbol{a}|=1, |\boldsymbol{b}|=4$，则 $\boldsymbol{a}$ 与 $\boldsymbol{b}$ 的夹角 θ 为（　　）.
      A. $60°$　　　B. $120°$　　　C. $150°$　　　D. $30°$

   (9) 若 $M(2,-3), N(-1,-2)$，则 $|\overrightarrow{MN}|=$（　　）.
      A. $\sqrt{10}$　　　B. $\sqrt{5}$　　　C. $\sqrt{15}$　　　D. 1

   (10) 当 x 为何值时，向量 $\boldsymbol{a}=\left(\dfrac{1}{2},x\right)$ 为单位向量（　　）.
      A. $\sqrt{10}$　　　B. $\sqrt{5}$　　　C. $\sqrt{15}$　　　D. 1

2. 判断题：

(1) 与向量 a 方向相反的向量叫作 a 的相反向量. （ ）

(2) 任何向量都有确定的大小和方向. （ ）

(3) 平行四边形中任意一组对边都是共线向量. （ ）

(4) a 与 b 的夹角为 θ，则 θ 的取值范围为 $0 \leqslant \theta \leqslant \pi$. （ ）

(5) 若 $|a|=4$，则 $a^2=16$. （ ）

(6) 若 $a=(3,4)$，则 $|a|=5$. （ ）

(7) 长度相同方向相反的向量为相反向量. （ ）

(8) 若 $a \cdot b=0$，则有 $a=0$ 或 $b=0$ 或 $a \perp b$. （ ）

(9) $-2a$ 的长度是 a 的 -2 倍，方向与 a 相反. （ ）

(10) $|a \cdot b| \leqslant |a||b|$. （ ）

(11) 三角形中长度较长的边所对应的角的度数也比较大. （ ）

3. 填空题：

(1) $\overrightarrow{MN}+\overrightarrow{NP}+\overrightarrow{PQ}=$ _____，$\overrightarrow{OA}+\overrightarrow{CO}+\overrightarrow{BO}+\overrightarrow{OC}=$ _____，$\overrightarrow{AB}+\overrightarrow{CA}-\overrightarrow{CD}=$ _____，$\overrightarrow{NM}+\overrightarrow{CD}+\overrightarrow{DC}+\overrightarrow{PN}=$ _____.

(2) 直角坐标系下的基底对应的向量坐标分别为 $i=$ _____，$j=$ _____.

(3) 已知两点 $P=(3,-4)$，$Q=(7,1)$，M 点分向量 $\overrightarrow{PQ}$ 的比为 4，则 M 点的坐标为 _____.

(4) 已知 $a /\!/ b$，且 $a=(2,5)$，$b=(3,y)$，则 $y=$ _____.

(5) 已知向量 $a=(1,2)$，$b=(-3,1)$，则 $|b|=$ _____，$5a+2b=$ _____，$a \cdot b=$ _____.

(6) 已知 $B(3,-1)$，有向线段 $\overrightarrow{BA}=(5,-3)$，则 A 点的坐标为 _____.

(7) 已知 $a=(2,0)$，$b=(1,-\sqrt{3})$，θ 为 a 与 b 的夹角，则 $\theta=$ _____.

(8) $-3a$ 的方向与向量 a 的方向 _____，长度是向量 a 的长度的 _____ 倍.

(9) 在三角形中 $\angle A=45°$，$\angle B=60°$，所对应的边长分别为 a，b 且 $a=2$，则 $b=$ _____.

4. 计算题：

(1) $3(a-3b+c)-2(a+b-2c)$；

(2) $\frac{1}{2}(-6,4)+\frac{1}{3}(-3,-6)$.

5. 在 □ABCD 中,已知 $A(-1,2)$, $B(3,-4)$, $C(-1,3)$,求顶点 D 的坐标.

6. 已知 $|a|=4$, $|b|=2$, a 与 b 的夹角 $\theta=120°$,求 $(a+2b) \cdot (a-b)$ 的值.

7. 已知 $|a|$, $|b|$, $<a,b>$,分别求 $a \cdot b$.

    (1) $|a|=3$, $|b|=5$, $<a,b>=135°$;

    (2) $|a|=3$, $|b|=12$, $<a,b>=\frac{5}{6}\pi$.

8. 已知 $a \cdot b$, $|a|$, $|b|$,分别求 $<a,b>$.

    (1) $a \cdot b=-6$, $|a|=4$, $|b|=3$;

    (2) $a \cdot b=-5\sqrt{2}$, $|a|=\sqrt{2}$, $|b|=5$.

9. 已知 $a=(-3,4)$, $b=(5,2)$,求:$|a|$, $|b|$, $a \cdot b$, $(a+b) \cdot (2a-b)$.

10. 已知向量 $|a|=6$, $|b|=4$,且 $(a+b)(a-2b)=16$,求两向量的夹角余弦值及夹角大小.

11. 在三角形 △ABC 中,已知 $A=120°$, $B=30°$, $c=10$,求 a,b.

复 习 题 B

1. 选择题:

    (1) 已知 $a=(-3,4)$, $b=(-1,2)$,实数 x,y 满足 $xa+yb=(-1,4)$,则 x,y 的值分别是(   ).

    A. $x=1, y=4$ B. $x=-1, y=4$

    C. $x=-1, y=-4$ D. $x=1, y=-4$

    (2) $\overrightarrow{AB}+\overrightarrow{BC}+\overrightarrow{CD}-\overrightarrow{AD}=$(   ).

    A. $\overrightarrow{AD}$ B. 0 C. $\vec{0}$ D. $2\overrightarrow{AD}$

    (3) 已知点 $M(1,3)$ 是 $A(x,2)$ 和 $B(3,y)$ 的中点,则有(   ).

    A. $x=1, y=4$ B. $x=-1, y=-4$

    C. $x=-1, y=4$ D. $x=1, y=-4$

    (4) 已知 $P(3,-2)$, $Q(-5,-1)$, $\overrightarrow{PO}=\frac{1}{2}\overrightarrow{PQ}$,则 O 点坐标为(   ).

    A. $(8,-1)$ B. $(-8,-1)$

C. $\left(1, \dfrac{3}{2}\right)$ D. $\left(-1, -\dfrac{3}{2}\right)$

(5) 已知向量 $a=(m+n)i+2j$, $b=3i+(m-n)j$, 且 $a=b$, 则( ).

　　A. $m=1, n=2$　　　　　　B. $m=3, n=1$

　　C. $m=\dfrac{5}{2}, n=\dfrac{1}{2}$　　　　D. $m=-\dfrac{5}{2}, n=\dfrac{1}{2}$

(6) 已知 A, B 的坐标分别为 $(1,2), (3,4)$, 则 $\overrightarrow{AB}$ 的坐标为( ).

　　A. $(1,2)$　　B. $(-2,-2)$　　C. $(-1,-2)$　　D. $(2,2)$

(7) 已知 $a=(-3, y)$, $b=(-2, 4)$, 且 $a // b$, 则 y 的值为( ).

　　A. -6　　B. 6　　C. 3　　D. -4

(8) 已知 A, B 的坐标分别为 $(2,4), (6,3)$, 则 AB 中点的坐标为( ).

　　A. $\left(4, \dfrac{7}{2}\right)$　　　　　　B. $\left(2, \dfrac{1}{2}\right)$

　　C. $(1,2)$　　　　　　D. $\left(-2, -\dfrac{1}{2}\right)$

(9) 已知 $|a|=5$, $|b|=4$, a 与 b 的夹角 $\theta=45°$, 则 $a \cdot b=$( ).

　　A. $10\sqrt{2}$　　B. 10　　C. $10\sqrt{3}$　　D. 5

(10) 已知向量 $\overrightarrow{BA}=b-a$, $\overrightarrow{BC}=b-c$, 则 $\overrightarrow{CA}=$( ).

　　A. $a-c$　　B. $c-a$　　C. $a+c$　　D. $a-2b+c$

2. 判断题：

(1) 若 $a=(1,2)$, $b=(4,-2)$, 则 $a // b$.　　　　　　　　( )

(2) $a \perp b \Leftrightarrow a \cdot b = 0$ (a 与 b 为非零向量).　　　　( )

(3) $a \perp b \Leftrightarrow x_1 x_2 + y_1 y_2 = 0$.　　　　　　　　　　( )

(4) 若 $|a|=5$, $|b|=2$, a 与 b 的夹角 $\theta=60°$, 则 $a \cdot b = 5$.　( )

(5) 若 $|a|=3$, 则 $a^2=6$.　　　　　　　　　　　　　　( )

(6) 若 $M(2,-3)$, $N(-1,-2)$, 则 $|\overrightarrow{MN}|=5$.　　　　　( )

(7) 零向量与任一向量的数量积为 0.　　　　　　　　( )

(8) 若 $a=(1,1)$, $b=(-2,3)$, 则 $a \cdot b = 1 \times 1 + (-2) \times 3 = -5$.　( )

(9) $a // b \Leftrightarrow x_1 y_2 - x_2 y_1 = 0$.　　　　　　　　　　　( )

(10) 若 $a \cdot b = 0$, 则有 $a = \mathbf{0}$ 或 $b = \mathbf{0}$.　　　　　　　( )

3. 填空题：

(1) 已知向量 $a=(2,3), b=(-3,1)$，则 $|a|=$ _____，$a+b=$ _____，$a-b=$ _____，$3a+2b=$ _____．

(2) 已知 $a/\!/b$，且 $a=(2,-3), b=(x,6)$，则 $x=$ _____．

(3) 已知 $A(3,-1), B(-1,-2)$，则 $|\overrightarrow{AB}|=$ _____．

(4) 已知 $a=(-1,3), b=(2,-3)$，则 $a \cdot b=$ _____．

(5) 已知 $a \perp b$，且 $a=(2,5), b=(5,y)$，则 $y=$ _____．

(6) 已知 $a/\!/b$，且 $a=(x,2), b=(6,-3)$，则 $x=$ _____．

(7) 已知 $A(-3,5), B(1,7)$，则 AB 中点 M 的坐标为 _____．

(8) $(-16) \times \dfrac{1}{2}a=$ _____．

(9) 已知 $A(2,3), AB$ 的中点 $M(-1,4)$，则 B 点的坐标为 _____．

(10) 已知 $A(1,2), B(3,-1)$，则 $\overrightarrow{AB}=$ _____，$\overrightarrow{BA}=$ _____．

(11) 已知 $\overrightarrow{AB}=(2,3), A(-1,3)$，则 B 点的坐标为 _____．

(12) 已知 $a=(1,1), b=(-1,1), \theta$ 为 a 与 b 的夹角，则 $\theta=$ _____．

4. 计算题：

(1) $2(2a-b)+3(a+3b)$；

(2) $\dfrac{1}{2}(2a-b)+\dfrac{1}{3}(6a-3b)$．

5. 已知 $a=(1,3), b=(2,-4), c=(-1,2)$，求 $3a-5b+2c$．

6. 已知 $a=(m+n,2), b=(4,m-n)$，且 $a=b$，求 m, n 的值．

7. 已知向量 $a=(1,2), b=(-3,1)$，且 $a \cdot c=2, c \cdot b=-2$，求向量 c．

8. 已知 $\square ABCD$ 的三个顶点 $A(-1,3), B(2,-1), C(4,5)$，求顶点 D 的坐标．

9. 已知 $|a|=6, |b|=4, a$ 与 b 的夹角 $\theta=60°$，求 $(a+2b) \cdot (a-3b)$ 的值．

10. 若 $|a|=3, |b|=2$，且 $(3a-2b) \cdot (2a+b)=43$，求向量 a 与 b 的夹角 θ．

11. 若 $|a|=5, |b|=7$ (a 与 b 不共线)，当且仅当 k 为何值时，向量 $a+kb$ 与 $a-kb$ 互相垂直？

12. 已知 $A(-6,3), B(2,1), C(3,5)$，请确定 $\triangle ABC$ 的形状．

13. 已知 $2(a+3x)=5x+2(a+2x-3b)$，求未知向量 x．

14. 求与向量 $a=(-3,2)$ 垂直的单位向量．

15. 在△ABC中,已知 $b=12, A=120°, B=30°$,求 a, c.

16. 在△ABC中,已知 $a=68, A=34°, B=56°$,求 b 和 $S_{\triangle ABC}$.

17. 已知点 P 的横坐标是 7,点 P 到点 $N(-1,5)$ 的距离为 10,求点 P 的纵坐标.

18. 已知 a, b 为非零向量,求证:
$$a \perp b \Leftrightarrow |a+b| = |a-b|.$$

第9章 直线方程

1637年,法国数学家笛卡尔(Descartes)首先建立了平面直角坐标系,在此基础上他把几何学与代数学紧密地结合在一起,从而创立了平面解析几何学.本章的主要内容是直线的倾斜角与斜率、直线方程的八种形式、点到直线的距离公式、两条直线的位置关系、二元一次不等式(组)及其应用等.

§9.1 直线的倾斜角与斜率

1. 直线的倾斜角

直线 l 向上的方向与 x 轴正方向所成的最小正角称为 <u>直线 l 的倾斜角</u>.如图9-1中的角 α_1 是直线 l_1 的倾斜角,角 α_2 是直线 l_2 的倾斜角.

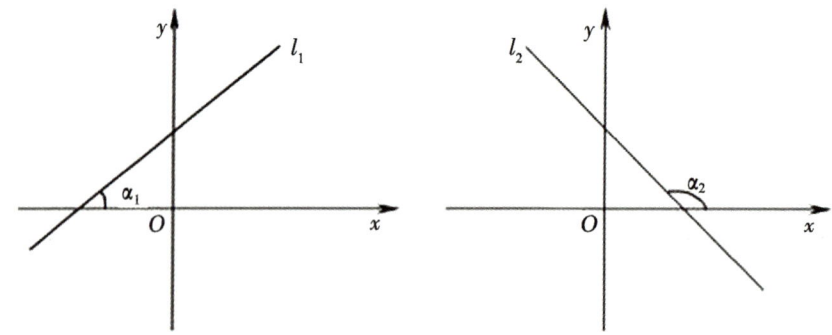

图 9-1

当直线与 x 轴平行或重合时,我们规定它的倾斜角为 $0°$;当直线与 x 轴垂直时,它的倾斜角为 $90°$.因此平面内任意一条直线都能确定唯一的倾斜角 α,α 的取值范围是 $0°\leqslant\alpha<180°$(或 $0\leqslant\alpha<\pi$).

2. 直线的斜率

倾斜角不是 90°的直线,倾斜角的正切值叫作这条直线的斜率. 直线的斜率常用 k 表示,即

$$k = \tan\alpha.$$

根据直线倾斜角的取值范围,直线的斜率有下列四种情形:

(1) 当 $\alpha = 0°$ 时(直线平行或重合于 x 轴),$k = \tan\alpha = 0$;

(2) 当 α 为锐角时,$k = \tan\alpha > 0$;

(3) 当 α 为钝角时,$k = \tan\alpha < 0$;

(4) 当 $\alpha = 90°$ 时(直线垂直于 x 轴),因为 $\tan 90°$ 不存在,所以斜率 k 不存在.

【例 1】如图 9-2 所示,求直线 l 的倾斜角和斜率.

解 根据直线的倾斜角的概念,可得倾斜角为

$$\alpha = 180° - 45° = 135°,$$

斜率为

$$k = \tan 135° = -1.$$

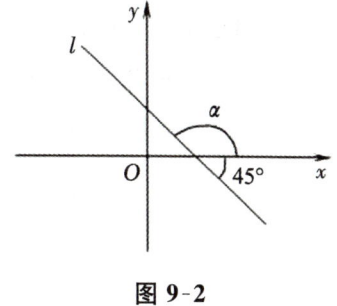

图 9-2

倾斜角不同的直线,斜率也不同,我们常用斜率来表示倾斜角不等于 90°的直线对于 x 轴的倾斜程度.

我们知道,两点确定一条直线,如果知道了直线上两点的坐标,那么这条直线的斜率(只要它存在)就可以计算出来.

如图 9-3 所示,设直线 l 上两点 P_1, P_2 的坐标分别是 $(x_1, y_1), (x_2, y_2)$,直线的倾斜角 $\alpha \neq 90°$(即 $x_1 \neq x_2$),从 P_1, P_2 两点分别作 x 轴的垂线 P_1M_1,P_2M_2,其中 M_1, M_2 是垂足,再作 $P_1Q \perp P_2M_2$ 交 P_2M_2 于点 Q.

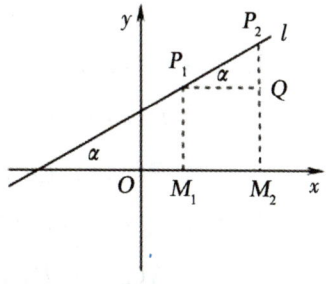

图 9-3

当直线 P_1P_2 的倾斜角 α 为锐角时,有

$$k = \tan\alpha = \tan\angle P_2P_1Q = \frac{|QP_2|}{|P_1Q|} = \frac{y_2 - y_1}{x_2 - x_1}.$$

可以证明,当 α 为钝角时,以上结论也成立.

因此可知,经过 $P_1(x_1, y_1), P_2(x_2, y_2)$ 两点的直线的斜率公式为

$$k = \frac{y_2 - y_1}{x_2 - x_1}(x_1 \neq x_2).$$

当 $x_1 = x_2$ 时,直线垂直于 x 轴,这时斜率不存在.

知道斜率 k 的值后,可根据倾斜角的范围 $0° \leqslant \alpha < 180°$ 来确定直线的倾斜角.

【例 2】求经过 $A(-2,0), B(-5,3)$ 两点的直线的斜率和倾斜角.

解 由斜率公式,得

$$k = \frac{3-0}{-5-(-2)} = -1,$$

即 $\tan\alpha = -1.$

因为 $0° \leqslant \alpha < 180°,$

所以 $\alpha = 135°.$

因此,这条直线的斜率是 -1,倾斜角是 $135°$.

【例 3】判断三点 $A(1,-1), B(9,5), C(-3,-4)$ 是否在同一条直线上.

解 设线段 AB, AC 所在直线的斜率分别是 k_{AB}, k_{AC},则

$$k_{AB} = \frac{5-(-1)}{9-1} = \frac{3}{4},$$

$$k_{AC} = \frac{-4-(-1)}{-3-1} = \frac{3}{4},$$

所以 $k_{AB} = k_{AC}.$

因此,A, B, C 三点在同一条直线上.

练习

1. 已知 P, Q 是直线 l 上的两点,求 l 的斜率和倾斜角:
   (1) $P(3,3), Q(-3,-3);$ (2) $P(-2,0), Q(-5,3);$
   (3) $P(4,4), Q(4,-4);$ (4) $P(0,3), Q(-\sqrt{3},0).$

2. 判断下列各组中所给三点是否在同一条直线上:
   (1) $A(2,1), B(3,-2), C(-4,-1);$
   (2) $A(a-b, c-a), B(0,0), C(b-a, a-c)(a \neq b).$

§9.2 直线方程的八种形式

平面内一条直线的位置,可以由不同的条件来确定.下面我们根据不同的条件来建立直线的方程.

1. 点斜式

已知直线 l 经过点 $P_0(x_0, y_0)$,斜率为 k,求直线 l 的方程(如图 9-4).

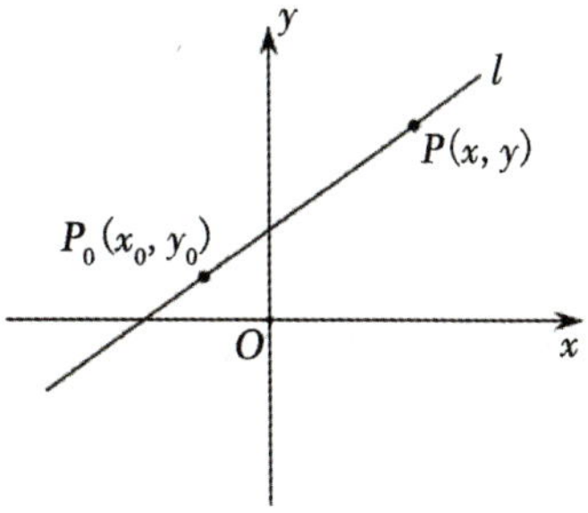

设点 $P(x,y)$ 是直线 l 上不同于点 $P_0(x_0, y_0)$ 的任意一点,根据直线的斜率公式,可得

$$\frac{y-y_0}{x-x_0}=k,$$

即
$$y-y_0=k(x-x_0).$$

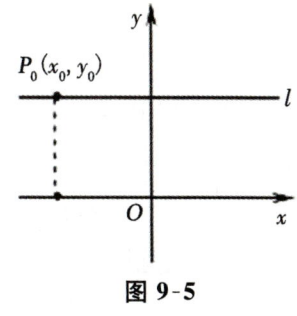

图 9-4

这个方程是由直线上的一点和直线的斜率确定的,通常叫作直线的点斜式方程,简称点斜式.

当直线 l 的倾斜角为 $0°$ 时(如图 9-5),$\tan 0°=0$,即 $k=0$,这时直线 l 与 x 轴平行或重合,l 的方程就是

$$y-y_0=0 \text{ 或 } y=y_0.$$

图 9-5

当直线 l 的倾斜角为 $90°$ 时(如图 9-6),直线的斜率不存在,这时直线 l 与 y 轴平行或重合,它的方程不能用点斜式表示.因为这时直线 l 上每一点的横坐标都等于 x_0,所以它的方程是

$$x-x_0=0 \text{ 或 } x=x_0.$$

【例1】求过点 $P(-2,3)$ 且倾斜角 $\alpha=45°$ 的直线方程.

解 由定义可知,直线的斜率为
$$k=\tan 45°=1,$$
所以直线的点斜式方程为
$$y-3=x+2.$$

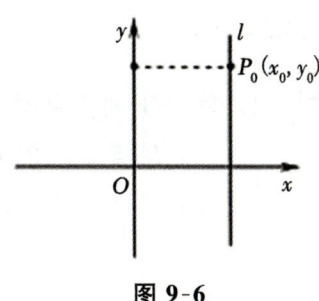

图 9-6

 练习

1. 求下列直线的点斜式方程：

   (1) 经过点 $A(3,-1)$，斜率是 $\sqrt{2}$；

   (2) 经过点 $B(-\sqrt{2},2)$，倾斜角是 $30°$；

   (3) 经过点 $C(0,3)$，倾斜角是 $0°$；

   (4) 经过点 $D(-4,-2)$，倾斜角是 $120°$.

2. 求经过点 $M(3,-4)$ 且与 x 轴垂直的直线方程.

2. 斜截式

若已知直线 l 的斜率为 k，且与 y 轴的交点为 $(0,b)$，代入直线的点斜式方程，得

$$y-b=k(x-0),$$

即

$$y=kx+b.$$

我们把直线 l 与 y 轴交点 $(0,b)$ 的纵坐标 b 叫作直线 l 在 y 轴上的**截距**. 该方程是由直线的斜率 k 与它在 y 轴上的截距 b 确定的，叫作直线的**斜截式方程**，简称**斜截式**.

【例2】求经过两点 $A(-6,1),B(0,-2)$ 的直线的斜截式方程.

解 由斜率公式，得

$$k=\frac{-2-1}{0-(-6)}=-\frac{1}{2},$$

直线在 y 轴上的截距 $b=-2$，由斜截式方程，得

$$y=-\frac{1}{2}x-2.$$

 练习

1. 写出下列直线的斜截式方程：

   (1) 斜率是 -2，在 y 轴上的截距是 4；

   (2) 斜率是 3，与 y 轴的交点是 $(0,-2)$.

3. 两点式

已知直线 l 经过 $P_1(x_1,y_1)$, $P_2(x_2,y_2)$ $(x_1\neq x_2)$ 两点,求直线 l 的方程.

由于直线 l 经过 P_1,P_2 两点,且 $x_1\neq x_2$,所以它的斜率为

$$k=\frac{y_2-y_1}{x_2-x_1}.$$

而直线 l 经过点 $P_1(x_1,y_1)$,由点斜式可知,直线 l 的方程为

$$y-y_1=\frac{y_2-y_1}{x_2-x_1}(x-x_1),$$

当 $y_2\neq y_1$ 时,可写为

$$\frac{y-y_1}{y_2-y_1}=\frac{x-x_1}{x_2-x_1}.$$

这就是经过两点 $P_1(x_1,y_1)$, $P_2(x_2,y_2)$(其中 $x_1\neq x_2$, $y_2\neq y_1$)的直线方程,我们把它叫作直线的**两点式方程**,简称**两点式**.

【例 3】求经过两点 $A(2,1)$, $B(0,-3)$ 的直线方程.

解 将 A,B 两点的坐标代入两点式,得所求的直线方程为

$$\frac{y-1}{-3-1}=\frac{x-2}{0-2},$$

整理,得

$$y=2x-3.$$

 练习

1. 求下列直线方程:

    (1) 经过两点 $A(-2,1)$ 和 $B(2,-3)$;

    (2) 经过两点 $C(4,-2)$ 和 $D(-2,5)$.

4. 截距式

若直线 l 与 x 轴交于点 $A(a,0)$,与 y 轴交于点 $B(0,b)$(如图 9-7),求直线 l 的方程.

将两点 A 和 B 的坐标代入两点式,得

$$\frac{y-0}{b-0}=\frac{x-a}{0-a},$$

即

$$\frac{x}{a}+\frac{y}{b}=1,$$

其中数 a 叫作直线 l 的**横截距**(或叫作直线 l 在 x 轴上的截距),数 b 叫作直线 l 的**纵截距**(或叫作直线 l 在 y 轴上的截距). 该方程由直线 l 在两个坐标轴上的截距 a 与 b 来确定,所以叫作直线的**截距式方程**,简称**截距式**.

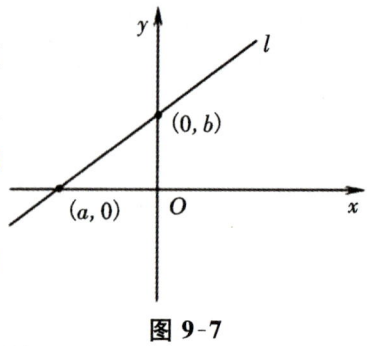

图 9-7

【例 4】 已知直线在 x 轴,y 轴上的截距分别是 5 和 -3,求该直线的方程.

解 由直线的截距式方程知,所求的直线方程为

$$\frac{x}{5}+\frac{y}{-3}=1.$$

练习

1. 求下列直线的方程:
   (1) 经过点 $A(-2,0)$ 和 $B(0,-3)$;
   (2) 在 x 轴,y 轴上的截距分别是 -6 和 5.

5. 点向式

若非零向量 v 与直线 l 平行,则称向量 v 为直线 l 的**方向向量**.

已知直线 l 过点 $P_0(x_0,y_0)$,其方向向量为 $v=(m,n)$,求直线 l 的方程.

设 $P(x,y)$ 是直线 l 上异于 P_0 的任意一点,$\overrightarrow{P_0P}$ 与 v 平行,而 $\overrightarrow{P_0P}=(x-x_0,y-y_0)$,于是有

$$\frac{x-x_0}{m}=\frac{y-y_0}{n}.$$

这个方程叫作直线的**点向式方程**,简称**点向式**.

若 $m=0, n\neq 0$,则直线与 y 轴平行,直线方程为 $x=x_0$.

若 $m\neq 0, n=0$,则直线与 x 轴平行,直线方程为 $y=y_0$.

【例 5】 已知直线 l 过点 $P(3,-4)$,且平行于向量 $v=(3,-2)$,求这条直线的方程.

解 由直线的点向式方程,得

$$\frac{x-3}{3}=\frac{y-(-4)}{-2},$$

即
$$\frac{x-3}{3} = \frac{y+4}{-2}.$$

【例 6】 求过点 $A(-1,2)$ 且平行于过 $B(3,2)$ 和 $C(5,7)$ 两点的直线的直线 l 的方程.

解 因为直线 l 平行于过 $B(3,2)$ 和 $C(5,7)$ 的直线,所以,直线 l 的方向向量为 $\overrightarrow{CB} = (3-5, 2-7)$,即 $\overrightarrow{CB} = (-2, -5)$.

由直线的点向式方程,得
$$\frac{x-(-1)}{-2} = \frac{y-2}{-5},$$

即
$$\frac{x+1}{2} = \frac{y-2}{5}.$$

练习

1. 求过点 $P(5,3)$ 且平行于向量 $\boldsymbol{v}=(2,-1)$ 的直线方程.
2. 求过点 $P(2,3)$ 且平行于向量 $\boldsymbol{v}=(2,0)$ 的直线方程.
3. 求过点 $A(5,2)$ 且平行于过点 $B(-3,2)$ 和 $C(5,-7)$ 的直线的直线方程.

6. 点法式

如果非零向量 $\boldsymbol{n}$ 与直线 l 垂直,那么称向量 $\boldsymbol{n}$ 为直线 l 的 **法向量**.

已知直线 l 过点 $P_0(x_0, y_0)$,其法向量为 $\boldsymbol{n}=(A,B)$,求直线 l 的方程.

设 $P(x,y)$ 是直线 l 上异于 P_0 的任意一点,则 $\overrightarrow{P_0P} \cdot \boldsymbol{n} = 0$. 又 $\overrightarrow{P_0P} = (x-x_0, y-y_0)$, $\boldsymbol{n}=(A,B)$,于是所求直线的方程为
$$A(x-x_0) + B(y-y_0) = 0.$$

这个方程叫作直线的 **点法式方程**,简称 **点法式**.

如果 $B=0$,那么直线与 x 轴垂直与 y 轴平行,直线的方程为 $x=x_0$.

如果 $A=0$,那么直线与 y 轴垂直与 x 轴平行,直线的方程为 $y=y_0$.

【例 7】 已知直线 l 过点 $P_0(3,1)$,且与两点 $P_1(-1,0)$,$P_2(3,2)$ 的连线垂直,求直线 l 的方程.

解 因为 $\overrightarrow{P_1P_2} \perp l$,所以 $\overrightarrow{P_1P_2} = (3+1, 2-0) = (4,2)$ 为所求直线 l 的一

个法向量,即
$$n=(4,2).$$
又因为直线 l 过点 $(3,1)$,代入直线的点法式方程,得
$$4(x-3)+2(y-1)=0.$$

练习

1. 求过点 $(2,0)$ 且与向量 $n=(0,3)$ 垂直的直线的方程.

2. 求过点 $(3,-5)$ 且与向量 $n=(-5,2)$ 垂直的直线的方程.

3. 求过点 $P_0(2,-1)$ 且与两点 $P_1(-3,2)$,$P_2(5,-2)$ 的连线垂直的直线的方程.

7. 参数式

若直线 l 过点 $P_0(x_0,y_0)$,方向向量为 $v=(m,n)$,设 $P(x,y)$ 是直线 l 上异于 P_0 的任意一点,则 $\overrightarrow{P_0P} \parallel v$,也就是 $\overrightarrow{P_0P}=tv$,而 $\overrightarrow{P_0P}=(x-x_0,y-y_0)$,于是有
$$(x-x_0,y-y_0)=t(m,n)=(mt,nt),$$
也可以写成
$$\begin{cases} x=x_0+mt, \\ y=y_0+nt \end{cases} (t\text{ 为参数}).$$

这个方程叫作直线的**参数式方程**,简称**参数式**.

【例8】已知直线过点 $(-1,4)$,方向向量为 $v=(-2,3)$,求该直线的参数式方程.

解 由直线的参数式方程知,所求直线的参数式为
$$\begin{cases} x=-1-2t, \\ y=4+3t \end{cases} (t\text{ 为参数}).$$

练习

1. 写出下列直线的参数式方程:

(1) 经过点 $A(-1,2)$ 和 $B(3,-2)$;

(2) 经过点 $C(-5,9)$ 和 $D(6,-4)$.

8. 一般式

由前面的讨论不难看出,直线的方程是一个二元一次方程;反之,任意一个二元一次方程在平面直角坐标系中都可以表示一条直线.于是我们把方程
$$Ax+By+C=0(其中 A,B 不同时为零)$$
叫作直线的 一般式方程,简称 一般式.

【例 9】求经过点 $M(-1,2),N(3,-2)$ 的直线方程.

解 设所求直线方程为 $Ax+By+C=0$,将 $M(-1,2),N(3,-2)$ 代入可得
$$\begin{cases} -A+2B+C=0, \\ 3A-2B+C=0. \end{cases}$$
解之,得
$$A=-C, \quad B=-C.$$
于是,所求直线方程为 $-Cx-Cy+C=0$,可化为
$$x+y-1=0.$$

直线方程的各种形式是可以相互转化的,在实际应用中根据问题的需要恰当选用直线方程的形式会给问题的解决带来便利.

【例 10】求直线 $4x+3y-12=0$ 的斜率、截距式方程、纵(横)截距.

解 直线 $4x+3y-12=0$ 可以化成斜截式方程 $y=-\dfrac{4}{3}x+4$,于是该直线的斜率为 $-\dfrac{4}{3}$;另外,它还可以化成截距式方程 $\dfrac{x}{3}+\dfrac{y}{4}=1$,于是该直线的横截距是 3,纵截距是 4.

练习

1. 求下列直线的斜率以及在 y 轴上的截距:
    (1) $3x+y-5=0$;   (2) $4x-5y=1$;
    (3) $x+2y=0$;   (4) $7x-6y+4=0$.

2. 已知直线 l 的方程是 $Ax+By+C=0$,
    (1) 当 $B\neq 0$ 时,直线 l 的斜率是多少?当 $B=0$ 时,直线 l 的斜率是多少?
    (2) 系数 A,B,C 取什么值时,方程 $Ax+By+C=0$ 表示通过原点的直线?

3. 根据下列条件,写出直线的方程,并将其化成一般式方程:

   (1) 经过点 $A(3,-4)$,斜率是 -2;

   (2) 经过点 $B(4,2)$,平行于 x 轴;

   (3) 经过点 $P_1(3,-2)$,$P_2(5,-4)$;

   (4) 在 x 轴,y 轴上的截距分别是 $3,-4$.

习题 9.2

1. 已知各直线的倾斜角如下,求各直线的斜率:

   (1) $\frac{\pi}{6}$; (2) $45°$; (3) $\frac{3\pi}{4}$; (4) $120°$.

2. 写出满足下列条件的直线方程,并将其化成一般式方程:

   (1) 斜率是 -3,经过点 $A(8,-2)$;

   (2) 经过点 $B(-2,0)$,且与 x 轴垂直;

   (3) 斜率是 -4,在 y 轴上的截距为 7;

   (4) 经过点 $A(-1,8)$,$B(4,-2)$;

   (5) 在 y 轴上的截距是 2,且与 x 轴平行;

   (6) 在 x 轴,y 轴上的截距分别是 $4,-3$;

   (7) 过点 $P(0,5)$,且在两坐标轴上的截距之和为 2;

   (8) 过点 $P(2,3)$,且在两坐标轴上的截距相等.

3. 已知直线 $y=kx+3$ 经过点 $M(-4,2)$,求 k 的值.

4. 已知直线 $y=kx+b$ 经过点 $P(1,2)$ 和 $Q(2,3)$,求 k 和 b 的值.

5. 已知直线的斜率 $k=2$,$P_1(3,5)$,$P_2(x_2,7)$,$P_3(-1,y_3)$ 是这条直线上的三个点,求 x_2 和 y_3.

6. 一条直线经过 $A(-a,3)$ 和 $B(5,-a)$ 两点,且斜率等于 1,求 a 的值.

7. 试判断下列三点是否在同一条直线上:

   (1) $A(3,2)$,$B(1,-3)$,$C(3,9)$; (2) $A(2,1)$,$B(3,-2)$,$C(0,7)$.

8. (1) 求过点 $P(2,-3)$ 且平行于向量 $v=(-3,2)$ 的直线 l 的方程;

   (2) 求过点 $A(3,-2)$ 且平行于过点 $B(-3,1)$ 和 $C(2,-1)$ 的直线的直线 l 的方程;

   (3) 求过点 $(5,-2)$ 且与向量 $n=(3,2)$ 垂直的直线 l 的方程.

9. 写出下列直线的参数式方程:

(1) 经过点 $A(-5,6)$,倾斜角是 $135°$;

(2) 经过点 $C(-1,2)$ 和 $D(1,4)$.

10. 求下列各直线的斜率和纵截距:

(1) $x+y-1=0$;   (2) $2x-3y-6=0$;

(3) $3x-4y=0$;   (4) $y+4=0$.

11. 设直线过点 $P(2,-3)$,斜率是直线 $y=\dfrac{1}{\sqrt{3}}x$ 的斜率的 2 倍,求此直线的方程.

12. 已知三角形的三个顶点为 $A(0,4),B(-2,-1),C(3,0)$,求:

(1) 三条边所在直线的斜率;

(2) 三条边所在直线的方程;

(3) 三条中线所在直线的方程.

§9.3 点到直线的距离公式

已知直线 l 的方程为 $Ax+By+C=0(A,B$ 不同时为零$)$,$P_0(x_0,y_0)$ 为直线外一点,如图 9-8 所示.求点 P_0 到直线 l 的距离 d.

过点 P_0 作直线 l 的垂线,交直线 l 于 Q,则 $|P_0Q|$ 即为所求的距离 d.

由直线方程的点法式可知,直线 l 的法向量为 $\boldsymbol{n}=(A,B)$,此向量也为直线 P_0Q 的方向向量,所以直线 P_0Q 的参数式方程为

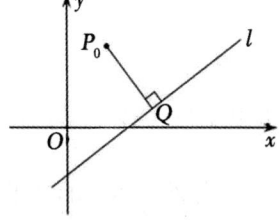

图 9-8

$$\begin{cases} x=x_0+At, \\ y=y_0+Bt. \end{cases} \quad (1)$$

将(1)式代入直线 l 的方程 $Ax+By+C=0$,得

$$t=-\dfrac{Ax_0+By_0+C}{A^2+B^2}. \quad (2)$$

将(2)式代入(1)式,得点 Q 的坐标为

$$Q\left(x_0-\dfrac{A(Ax_0+By_0+C)}{A^2+B^2},\ y_0-\dfrac{B(Ax_0+By_0+C)}{A^2+B^2}\right),$$

则
$$d = |P_0Q|$$
$$= \sqrt{\left[x_0 - \left(x_0 - \frac{A(Ax_0+By_0+C)}{A^2+B^2}\right)\right]^2 + \left[y_0 - \left(y_0 - \frac{B(Ax_0+By_0+C)}{A^2+B^2}\right)\right]^2}$$
$$= \frac{|Ax_0+By_0+C|}{\sqrt{A^2+B^2}}.$$

因此,点 $P_0(x_0, y_0)$ 到直线 $l: Ax+By+C=0$ 的距离为
$$d = \frac{|Ax_0+By_0+C|}{\sqrt{A^2+B^2}}.$$

这个公式称为**点到直线的距离公式**.

【例1】求点 $P_0(-1, 2)$ 到直线 $2x+y-10=0$ 的距离.

解 由点到直线的距离公式,得
$$d = \frac{|2\times(-1)+1\times 2-10|}{\sqrt{2^2+1^2}} = 2\sqrt{5}.$$

【例2】求直线 $l_1: 3x+4y-6=0$ 与直线 $l_2: 3x+4y+12=0$ 间的距离.

解 由于 $l_1 \parallel l_2$,因此 l_1, l_2 中任一直线上的任一点到另一直线的距离都相等. 在 l_1 上取一点 $P(2, 0)$ (如图9-9),则点 P 到 l_2 的距离为
$$d = \frac{|3\times 2+4\times 0+12|}{\sqrt{3^2+4^2}} = \frac{18}{5}.$$

因此,平行线 l_1 与 l_2 间的距离为 $\frac{18}{5}$.

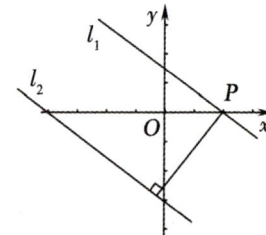

图 9-9

由例2可知,求两平行线间的距离可归结为求点到直线的距离,即在两条平行线中的任一条上任取一点,则该点到另一直线的距离就是这两条平行直线间的距离. 由此可以得出,平行线 $l_1: Ax+By+C_1=0$ 和 $l_2: Ax+By+C_2=0$ 间的距离公式为
$$d = \frac{|C_2-C_1|}{\sqrt{A^2+B^2}}.$$

如例2,把 $A=3, B=4, C_1=-6, C_2=12$ 代入公式,得
$$d = \frac{|12-(-6)|}{\sqrt{3^2+4^2}} = \frac{18}{5}.$$

【例3】已知点 $A(1,3), B(3,1), C(-1,0)$,求 $\triangle ABC$ 的面积.

解 如图 9-10 所示,设 AB 边上的高为 h,则

$$S_{\triangle ABC} = \frac{1}{2}|AB| \times h,$$

$$|AB| = \sqrt{(3-1)^2+(1-3)^2} = 2\sqrt{2}.$$

AB 边上的高 h 就是点 C 到 AB 的距离.

AB 边所在直线的方程为

$$\frac{y-3}{1-3} = \frac{x-1}{3-1},$$

即

$$x+y-4=0.$$

点 $C(-1,0)$ 到直线 $x+y-4=0$ 的距离为

$$h = \frac{|-1+0-4|}{\sqrt{1^2+1^2}} = \frac{5}{\sqrt{2}},$$

因此,$S_{\triangle ABC} = \frac{1}{2} \times 2\sqrt{2} \times \frac{5}{\sqrt{2}} = 5.$

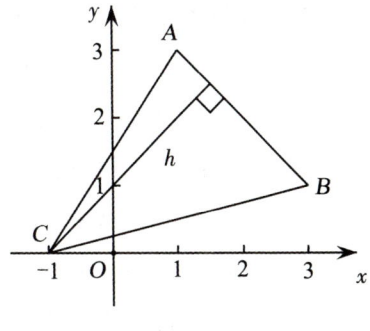

图 9-10

 练习

1. 求坐标原点到直线 $3x+4y-2=0$ 的距离.
2. 求点 $P(2,1)$ 到直线 $y-5=0$ 的距离.
3. 求平行线 $l_1:2x-7y+8=0$ 和 $l_2:2x-7y-6=0$ 间的距离.

 习题9.3

1. 求下列点到直线的距离:
   (1) $A(-2,3), l:3x+4y+3=0$;
   (2) $B(1,0), l:\sqrt{3}x+y-\sqrt{3}=0$;
   (3) $C(0,0), l:x=y$;
   (4) $D(1,-2), l:5x=0$.

2. 求下列两条平行线间的距离:
   (1) $l_1:2x+3y-8=0$ 和 $l_2:2x+3y+18=0$;
   (2) $l_1:3x+4y=10$ 和 $l_2:3x+4y=0$.

3. 已知原点到直线 $ax+y+7=0$ 的距离等于 6,求 a 的值.

4. 已知点 $A(a,6)$ 到直线 $3x-4y=2$ 的距离 d 等于 4,求 a 的值.

5. 在平行四边形 $ABCD$ 中,已知 $A(2,2), B(3,4), C(-1,3)$,求:

(1) 顶点 D 的坐标;

(2) 平行四边形 $ABCD$ 对角线交点 O 的坐标;

(3) 直线 AB 的方程;

(4) 点 O 到边 AB 的距离;

(5) 平行四边形 $ABCD$ 的面积 S.

§9.4 两条直线的位置关系

平面上两条直线的位置关系有平行(包括重合)、相交(包括垂直)两种情况.下面利用直线的方程来研究两条直线的位置关系.

1. 两条直线平行

设两条直线的方程分别为
$$l_1: A_1x+B_1y+C_1=0,$$
$$l_2: A_2x+B_2y+C_2=0,$$
则直线 l_1 的一个法向量为 $\vec{n_1}=(A_1,B_1)$,直线 l_2 的一个法向量为 $\vec{n_2}=(A_2,B_2)$.

若 $\vec{n_1} /\!/ \vec{n_2}$,则 $l_1 /\!/ l_2$,此时有
$$(A_1,B_1)=t(A_2,B_2)(t\neq 0),$$
所以
$$\frac{A_1}{A_2}=\frac{B_1}{B_2}.$$

如果 $\frac{A_1}{A_2}=\frac{B_1}{B_2}=\frac{C_1}{C_2}$,那么这两条直线重合.因此,我们得出两条不重合的直线平行的条件是
$$\frac{A_1}{A_2}=\frac{B_1}{B_2}\neq\frac{C_1}{C_2}.$$

【例 1】 已知直线 $l_1: 2x-4y+7=0, l_2: x-2y+5=0$,求证: $l_1 /\!/ l_2$.

证明 由直线 l_1 和 l_2 的方程可知
$$\frac{A_1}{A_2}=\frac{B_1}{B_2}=2, \quad \frac{C_1}{C_2}=\frac{7}{5},$$
即
$$\frac{A_1}{A_2}=\frac{B_1}{B_2}\neq\frac{C_1}{C_2},$$
所以 $l_1 /\!/ l_2$.

【**例 2**】求过点 $P(1,-3)$ 且与直线 $2x-3y+15=0$ 平行的直线 l 的方程.

解 设所求的直线方程为 $2x-3y+C=0$,将点 $P(1,-3)$ 的坐标代入得
$$2\times 1-3\times(-3)+C=0,$$
即
$$C=-11.$$
因此,所求直线的方程为 $2x-3y-11=0$.

 练习

1. 判断下列直线是否平行:

   (1) $l_1 : x+3y-4=0, l_2 : 2x+6y+8=0$;

   (2) $l_1 : x+3y-4=0, l_2 : 2x+5y+1=0$.

2. 求过点 $P(-3,5)$ 且与直线 $4x-3y+7=0$ 平行的直线 l 的方程.

2. 两条直线垂直

设两条直线的方程分别为
$$l_1 : A_1 x+B_1 y+C_1=0,$$
$$l_2 : A_2 x+B_2 y+C_2=0,$$
则直线 l_1 的一个法向量为 $\vec{n_1}=(A_1,B_1)$,直线 l_2 的一个法向量为 $\vec{n_2}=(A_2,B_2)$.

如果 $\vec{n_1}\perp\vec{n_2}$,那么我们说直线 l_1 与 l_2 垂直(正交),即 $l_1\perp l_2$. 由 $\vec{n_1}\perp\vec{n_2}$ 可知
$$\vec{n_1}\cdot\vec{n_2}=0,$$
所以
$$A_1 A_2+B_1 B_2=0.$$
因此,我们得到两条直线垂直的条件为
$$A_1 A_2+B_1 B_2=0.$$

【**例 3**】已知直线 $l_1 : 2x-4y+7=0, l_2 : 2x+y-5=0$,求证:$l_1\perp l_2$.

证明 由两条直线的方程得 $A_1=2, A_2=2, B_1=-4, B_2=1$,所以

$$A_1A_2+B_1B_2=2\times2+(-4)\times1=0.$$

因此 $l_1 \perp l_2$.

【例4】 求过点 $A(2,1)$ 且与直线 $l_1:2x+y-10=0$ 垂直的直线 l_2 的方程.

解 设所求的直线方程为 $x-2y+C=0$,将点 $A(2,1)$ 的坐标代入得
$$2-2+C=0,$$
即
$$C=0.$$
所以,直线 l_2 的方程为 $x-2y=0$.

1. 判断直线 l_1 与 l_2 是否平行或垂直:
   (1) $l_1:y=-2x+1, l_2:y=-2x-3$;
   (2) $l_1:y=-2x+1, l_2:y=\dfrac{1}{2}x-3$;
   (3) $l_1:4x+5y-3=0, l_2:5x-4y+7=0$.

2. 求过点 $A(0,-2)$ 且与直线 $l_1:x+2y-7=0$ 垂直的直线 l_2 的方程.

3. 两条直线斜交

设两条直线的方程分别为
$$l_1:A_1x+B_1y+C_1=0,$$
$$l_2:A_2x+B_2y+C_2=0,$$

则直线 l_1 的一个法向量为 $\overrightarrow{n_1}=(A_1,B_1)$,直线 l_2 的一个法向量为 $\overrightarrow{n_2}=(A_2,B_2)$.

如果 $\overrightarrow{n_1}$ 与 $\overrightarrow{n_2}$ 既不平行也不垂直,那么我们说两条直线 l_1 与 l_2 斜交. 此时两条直线有一个交点,可以通过联立两条直线的方程,求方程组的解得到.

【例5】 求下列两条直线的交点:$l_1:x+y-1=0, l_2:3x+2y-5=0$.

解 解方程组
$$\begin{cases} x+y-1=0, \\ 3x+2y-5=0, \end{cases}$$
得
$$\begin{cases} x=3, \\ y=-2. \end{cases}$$

所以，l_1 和 l_2 的交点坐标是 $(3,-2)$.

1. 求两直线的交点：

    (1) $l_1:3x-y+4=0,l_2:4x-6y+3=0$；

    (2) $l_1:2x-4y+7=0,l_2:2x+y-5=0$.

1. 判断下列直线是否平行或垂直：

    (1) $l_1:3x+5y-4=0,l_2:6x+10y+7=0$；

    (2) $l_1:2x+3y+4=0,l_2:3x-2y-1=0$；

    (3) $l_1:2x-1=0,l_2:x+3=0$；

    (4) $l_1:5y-7=0,l_2:3x=9$.

2. 根据下列条件，求直线的方程：

    (1) 经过点 $A(3,2)$，且与直线 $4x+y-2=0$ 平行；

    (2) 经过点 $B(2,-3)$，且平行于过 $M(1,2)$ 和 $N(-1,-5)$ 两点的直线；

    (3) 经过点 $C(3,0)$，且与直线 $2x+y-5=0$ 垂直.

3. 已知两点 $A(7,-4),B(-5,6)$，求线段 AB 的垂直平分线的方程.

4. 求满足下列条件的直线方程：

    (1) 经过两直线 $2x-3y+10=0$ 和 $3x+4y-2=0$ 的交点，且与直线 $3x-2y+4=0$ 垂直；

    (2) 经过两直线 $2x+y-8=0$ 和 $x-2y+1=0$ 的交点，且与直线 $4x-3y-7=0$ 平行；

    (3) 经过两直线 $y=2x+3$ 和 $3x-y+2=0$ 的交点，且垂直于第一条直线.

5. 三角形的三个顶点是 $A(4,0),B(6,7),C(0,3)$，求三角形的边 BC 上的高所在直线的方程.

6. 已知直线 $ax+2y+8=0,4x+3y=10$ 和 $2x-y=10$ 相交于一点，求 a 的值.

7. 如果直线 $7x+By+12=0$ 与直线 $2x-3y-105=0$ 平行,那么 B 是多少?如果这两条直线相互垂直,那么 B 是多少?

8. 当 A 和 C 分别取什么值时,直线 $Ax-4y-2=0$ 和 $3x+2y-C=0$
  (1) 有一个公共点?　(2) 平行?　(3) 重合?

9. 已知两条直线 $6x+(2a-1)y=8$ 和 $(a+2)x+(a+3)y+3=0$,问:
  (1) 当 a 取什么值时,两条直线平行?
  (2) 当 a 取什么值时,两条直线垂直?

§9.5　二元一次不等式(组)及其应用

1. 二元一次不等式(组)

在现实生活和数学运算中,我们会遇到各种不同的不等关系,需要用不同的数学模型来刻画和研究它们.前面我们学习了一元二次不等式及其解法,这里我们将学习另一种不等关系的模型.

我们先看一个实际生活中的例子.一家银行的信贷部计划年初投入 25 000 000 元用于企业和个人贷款,希望这笔资金至少可带来 30 000 元的收益,其中从企业贷款中获益 12%,从个人贷款中获益 10%.那么,信贷部应该如何分配资金呢?

这个问题中存在一些不等关系,我们应该用什么不等式模型来描述它们呢?

设用于企业贷款的资金为 x 元,用于个人贷款的资金为 y 元,则

$$\begin{cases} x+y \leqslant 25\,000\,000, \\ 12\%x+10\%y \geqslant 30\,000, \\ x \geqslant 0, \\ y \geqslant 0. \end{cases}$$

此即为分配资金应该满足的条件.

定义　我们把含有两个未知数并且未知数的最高次数是 1 的不等式叫作二元一次不等式.由几个二元一次不等式组成的不等式组叫作**二元一次不等**

式组. 满足二元一次不等式(组)的 x 和 y 值构成有序数对(x,y),所有这样的有序数对(x,y)构成的集合称为 二元一次不等式(组)的解集. 有序数对可以看成是直角坐标平面内点的坐标,因此,二元一次不等式(组)的解集就可以看成是直角坐标系内的点构成的集合.

我们知道,一元一次不等式(组)的解集可以表示为数轴上的区间. 例如,
$$\begin{cases} x+3\geqslant 0, \\ x-4\leqslant 0 \end{cases}$$

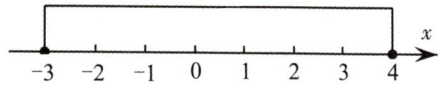

图 9-11

的解集为数轴上的一个区间(如图 9-11),即$\{x\mid -3\leqslant x\leqslant 4\}$.

下面我们研究一个具体的二元一次不等式 $x-y<6$ 的解集所表示的图形.

在平面直角坐标系内,$x-y=6$ 表示一条直线,如图 9-12 所示,平面内的所有点被该直线分成了三类:

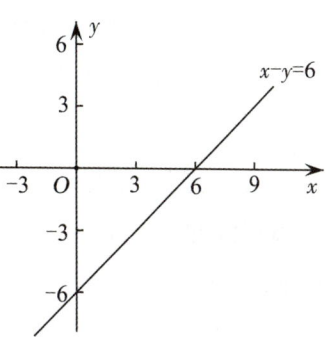

图 9-12

(1) 在直线 $x-y=6$ 上的点;
(2) 在直线 $x-y=6$ 左上方区域内的点;
(3) 在直线 $x-y=6$ 右下方区域内的点.

取三类点分别代入 $x-y$,容易验证:

(1) 满足 $x-y<6$ 的点都在直线 $x-y=6$ 的左上方;
(2) 满足 $x-y>6$ 的点都在直线 $x-y=6$ 的右下方.

这就是说,不等式 $x-y<6$ 表示直线 $x-y=6$ 左上方的平面区域,如图 9-13 所示;不等式 $x-y>6$ 表示直线 $x-y=6$ 右下方的平面区域,如图 9-14 所示.

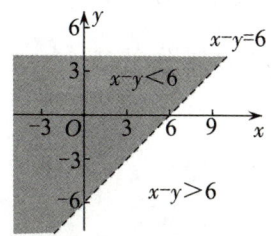

图 9-13   图 9-14

直线 $x-y=6$ 叫作这两个区域的边界,把直线画成虚线以表示区域不包

括边界.

一般地,在平面直角坐标系中,二元一次不等式 $Ax+By+C>0$ 表示直线 $Ax+By+C=0$ 某一侧所有点组成的平面区域,我们把直线画成虚线,以表示区域不包括边界.

不等式 $Ax+By+C\geqslant 0$ 表示的平面区域包括边界,把边界画成实线.

对于直线 $Ax+By+C=0$ 同一侧的所有点,把它们的坐标 (x,y) 代入 $Ax+By+C$,所得的符号都相同.因此只需在直线 $Ax+By+C=0$ 的同一侧取某个特殊点 (x_0,y_0) 作为测试点,由 Ax_0+By_0+C 的符号就可以断定 $Ax+By+C>0$ 表示的是直线 $Ax+By+C=0$ 哪一侧的平面区域.

【例1】画出不等式 $x+4y<4$ 表示的平面区域.

解 先作出边界 $x+4y=4$,因为这条线上的点都不满足 $x+4y<4$,所以画成虚线,如图 9-15 所示.

取原点 $(0,0)$,代入 $x+4y-4$.因为
$$0+4\times 0-4<0,$$
所以原点 $(0,0)$ 在 $x+4y-4<0$ 表示的平面区域内,不等式 $x+4y<4$ 表示的区域如图 9-15 所示.

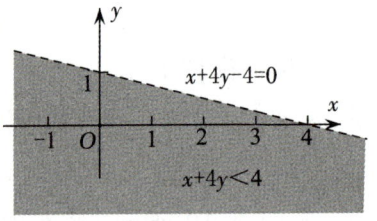

图 9-15

【例2】用平面区域表示不等式组
$$\begin{cases} y<-3x+12, \\ x<2y \end{cases}$$
的解集.

解 不等式 $y<-3x+12$ 表示直线 $y=-3x+12$ 左下方的区域,不等式 $x<2y$ 表示直线 $y=\dfrac{1}{2}x$ 左上方的区域.取两区域重叠的部分,如图 9-16 所示,阴影部分就表示该不等式组的解集.

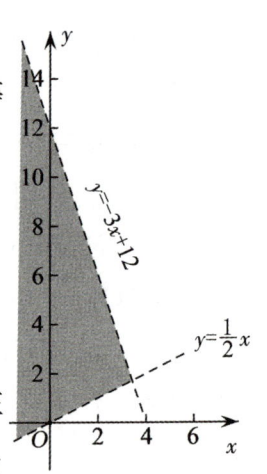

图 9-16

练习

1. 画出不等式 $7x-2y-14<0$ 表示的平面区域.
2. 画出本节开头的不等式组所表示的平面区域.

3. 画出不等式组 $\begin{cases} 3x+4y\leqslant 9, \\ 5x-2y\leqslant 8, \\ x\geqslant 0, \\ y\geqslant 0 \end{cases}$ 表示的平面区域.

2. 线性规划问题的图解法

首先,我们讨论以下问题:

设 x,y 满足以下条件

$$\begin{cases} 5x+6y\leqslant 30, \\ y\leqslant 3x, \\ y\geqslant 1. \end{cases}$$

求 $z=2x+y$ 的最小值和最大值.

由前面可以知道,满足每个不等式的解集都可以表示一个平面区域,满足不等式组的解集则表示这些平面区域的公共区域(如图 9-17).

这时,问题转化为:当点 (x,y) 在公共的平面区域中时,求 $z=2x+y$ 的最小值和最大值.

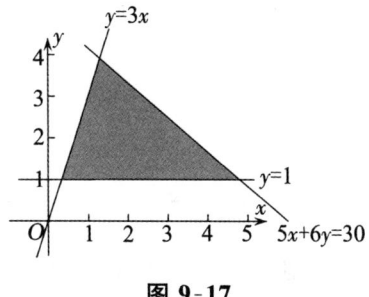

图 9-17

为此,我们先来讨论当点 (x,y) 在整个坐标平面上变化时,$z=2x+y$ 值的变化规律.

当 $z=-3,-1,0,2,4$ 时,可得到直线:

$l'_2:2x+y=-3;$ $l'_1:2x+y=-1;$

$l_0:2x+y=0;$ $l_1:2x+y=2;$

$l_2:2x+y=4.$

显然,这是一组平行线.

由图 9-18 可以看出,当直线 l_0 向上平移时,所对应的 z 随之增大;当直线 l_0 向下平移时,所对应的 z 随之减小.

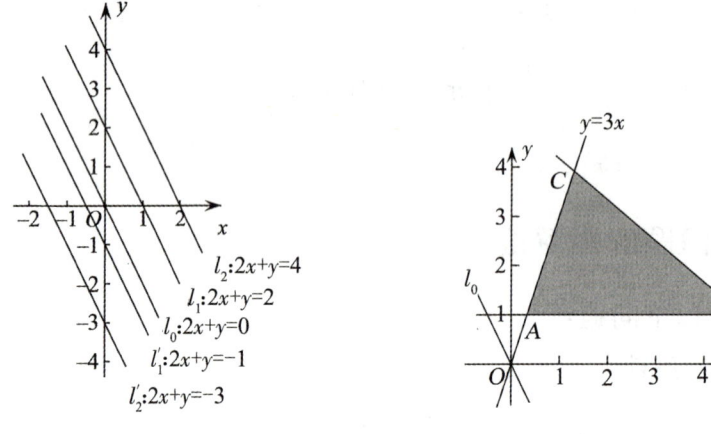

图 9-18　　　　　　　　　图 9-19

如图 9-19 所示,把 l_0 向上平移的过程中,直线与平面区域首先相交的顶点 $A\left(\dfrac{1}{3},1\right)$ 所对应的 z 最小,最后相交的顶点 $B\left(\dfrac{24}{5},1\right)$ 所对应的 z 最大,从而得到

$$z_{\min}=2\times\dfrac{1}{3}+1=\dfrac{5}{3},$$

$$z_{\max}=2\times\dfrac{24}{5}+1=\dfrac{53}{5}.$$

类似于这个实例,如果两个变量 x,y 满足一次不等式组,求这两个变量的一个线性函数(如 $z=2x+y$)的最大值或最小值,那么我们称这个线性函数为**目标函数**,称一次不等式组为**约束条件**,像这样的问题叫作**二元线性规划问题**.

在线性规划问题中,满足约束条件的解 (x,y) 称为**可行解**,由所有可行解组成的集合称为**可行域**. 在上述问题中,可行域是阴影部分表示的三角形区域,区域中任意的 (x,y) 都是这个问题的可行解,其中可行解 $\left(\dfrac{1}{3},1\right)$ 与 $\left(\dfrac{24}{5},1\right)$ 分别使目标函数取得最小值和最大值,我们把它们称为这个问题的**最优解**.

从这个问题的求解过程可以看出,最优解一般在可行域的边界上,而且通常在可行域的顶点处取得. 因此,在求解实际问题时,只需求出区域边界的交点,再比较目标函数在交点处的函数值大小,根据问题需求选择所需结论即可.

【例3】 设 x,y 满足约束条件

$$\begin{cases} x \geqslant -3, \\ y \geqslant -4, \\ -4x+3y \leqslant 12, \\ 4x+3y \leqslant 36. \end{cases}$$

(1) 求目标函数 $z=2x+3y$ 的最小值与最大值;

(2) 求目标函数 $z=-4x+3y-24$ 的最小值与最大值.

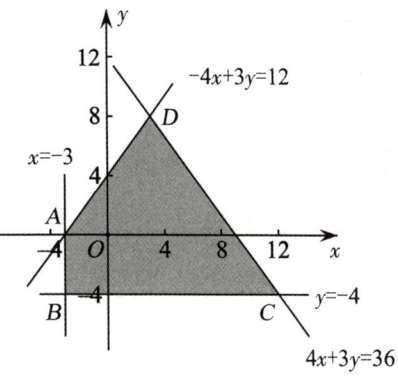

图 9-20

解 作出可行域,如图 9-20 所示,该可行域是一个以四条直线为边界的四边形,形成了四个边界交点 A,B,C,D,则目标函数的最大值和最小值就在这四个点处取得. 下面求四个点的坐标.

$A:\begin{cases} x=-3, \\ -4x+3y=12, \end{cases}$ 解得 $\begin{cases} x=-3, \\ y=0, \end{cases}$ 即 $A(-3,0)$.

$B:\begin{cases} x=-3, \\ y=-4, \end{cases}$ 即 $B(-3,-4)$.

$C:\begin{cases} y=-4, \\ 4x+3y=36, \end{cases}$ 解得 $\begin{cases} x=12, \\ y=-4, \end{cases}$ 即 $C(12,-4)$.

$D:\begin{cases} -4x+3y=12, \\ 4x+3y=36, \end{cases}$ 解得 $\begin{cases} x=3, \\ y=8, \end{cases}$ 即 $D(3,8)$.

(1) 目标函数 $z=2x+3y$ 在四个点处的值分别为:

$$z_A = 2\times(-3)+3\times 0 = -6,$$
$$z_B = 2\times(-3)+3\times(-4) = -18,$$
$$z_C = 2\times 12+3\times(-4) = 12,$$
$$z_D = 2\times 3+3\times 8 = 30.$$

因此,目标函数在 $B(-3,-4)$ 处取得最小值 $z_{\min}=-18$,在 $D(3,8)$ 处取得最大值 $z_{\max}=30$.

(2) 目标函数 $z=-4x+3y-24$ 在四个点处的值分别为:

$$z_A = (-4)\times(-3)+3\times 0 - 24 = -12,$$
$$z_B = (-4)\times(-3)+3\times(-4)-24 = -24,$$
$$z_C = (-4)\times 12+3\times(-4)-24 = -84,$$

$z_D = (-4) \times 3 + 3 \times 8 - 24 = -12.$

因此,在 $C(12,-4)$ 处,$z_{min} = -84$;在 $A(-3,0)$ 和 $D(3,8)$ 处都有最大值,即在 AD 边界上,$z_{max} = -12.$

练习

1. 求 $z = 2x + y$ 的最大值,式子中的 x, y 满足
$$\begin{cases} y \leqslant x, \\ x + y \leqslant 1, \\ y \geqslant -1. \end{cases}$$

在以上问题中,不等式组叫作变量 x, y 的_____,$z = 2x + y$ 叫作_____.

2. 已知 x, y 满足约束条件
$$\begin{cases} x + y + 5 \geqslant 0, \\ x - y \leqslant 0, \\ y \leqslant 0. \end{cases}$$

画出可行域,并求 $z = 2x + 4y$ 的最小值与最大值.

3. 在约束条件
$$\begin{cases} -x + 2y \leqslant 0, \\ x + 2y \leqslant 12, \\ 2x + y \leqslant 16, \\ x \geqslant 0, \\ y \geqslant 0 \end{cases}$$

下,求目标函数 $z = 3x - 4y$ 的最小值与最大值.

习题 9.5

1. 不等式组 $\begin{cases} x - 3y + 6 \geqslant 0, \\ x - y + 2 \leqslant 0 \end{cases}$ 表示的平面区域是( ).

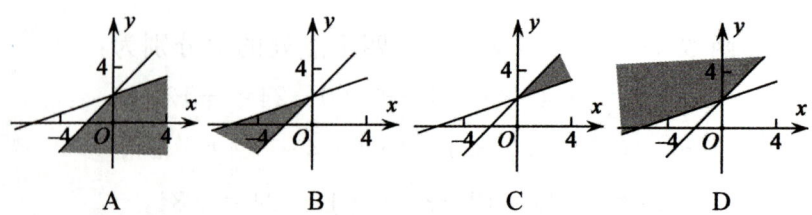

A   B   C   D

2. 图9-21中阴影部分区域所表示的不等式组是（　　）.

A. $\begin{cases} x-y \leqslant 5, \\ 2x+y \geqslant 4 \end{cases}$

B. $\begin{cases} x-y \leqslant 5, \\ 2x+y \leqslant 4 \end{cases}$

C. $\begin{cases} x-y \geqslant 5, \\ 2x+y \leqslant 4 \end{cases}$

D. $\begin{cases} x-y \geqslant 5, \\ 2x+y \geqslant 4 \end{cases}$

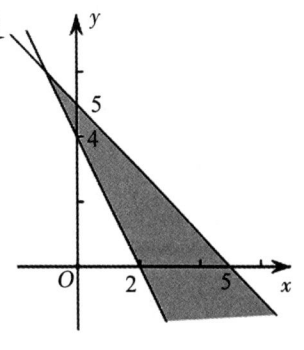

图 9-21

3. 画出下列不等式组表示的平面区域：

(1) $\begin{cases} x+4y \leqslant 3, \\ y \leqslant 2x, \\ y \geqslant \dfrac{1}{3}x; \end{cases}$

(2) $\begin{cases} x-4y+3 \geqslant 0, \\ 3x-5y-25 \leqslant 0, \\ x \leqslant 8, \\ x \geqslant 0, \\ y \geqslant 0. \end{cases}$

4. 三角形三边所在的直线分别是 $x-y+5=0, x+y=0, x-3=0$，求表示三角形内部区域的不等式组.

5. 已知 x, y 满足 $\begin{cases} 2 \leqslant x+y \leqslant 4, \\ -4 \leqslant x-y \leqslant -2, \end{cases}$ 求 $2x-y$ 的取值范围.

6. 4枝玫瑰花与5枝茶花的价格之和不小于22元，而6枝玫瑰花与8枝茶花的价格之和不大于24元. 试求2枝玫瑰花和3枝茶花的价格之差的最大值.

名 词 索 引

倾斜角 inclination angle(40)

斜率 slope (41)

方向向量 direction vector(46)

法向量 normal vector(47)

二元一次不等式组 binary once inequality group(59)

解集 solution set(59)

目标函数 objective function(62)

约束条件 constraint conditions(62)

二元线性规划 binary linear programming(62)

可行解 feasible solution(62)

可行域 feasible region(62)

最优解 optimum solution(62)

数 学 符 号

α　小写的希腊字母,读作"alpha",通常用来表示角,也可表示二次方程的根(解).

k　小写的英文字母,作为数学符号,常用来表示直线的斜率.

a　小写的英文字母,作为数学符号,常用来表示直线在 x 轴上的截距,也称横截距.

b　小写的英文字母,作为数学符号,常用来表示直线在 y 轴上的截距,也称纵截距.

d　小写的英文字母,表示点到直线的距离或两平行直线间的距离的符号.

$//$　表示平行的符号,如 $l_1 // l_2$ 表示直线 l_1 与直线 l_2 平行.

$\perp$　表示垂直的符号,如 $l_1 \perp l_2$ 表示直线 l_1 与直线 l_2 垂直.

常 用 公 式

斜率计算公式　$k=\tan\alpha$　$k=\dfrac{y_2-y_1}{x_2-x_1}$

点斜式　$y-y_0=k(x-x_0)$

斜截式　$y=kx+b$

两点式　$\dfrac{y-y_1}{y_2-y_1}=\dfrac{x-x_1}{x_2-x_1}$

截距式　$\dfrac{x}{a}+\dfrac{y}{b}=1$

点向式　$\dfrac{x-x_0}{m}=\dfrac{y-y_0}{n}$

点法式　$A(x-x_0)+B(y-y_0)=0$

参数式　$\begin{cases} x=x_0+mt, \\ y=y_0+nt \end{cases}$

一般式　$Ax+By+C=0(A,B$ 不同时为零$)$

点到直线的距离　$d=\dfrac{|Ax_0+By_0+C|}{\sqrt{A^2+B^2}}$

两平行直线间的距离　$d=\dfrac{|C_2-C_1|}{\sqrt{A^2+B^2}}$

复 习 题 A

1. 选择题:

   (1) 经过两点 $A(-2,1), B(0,3)$ 的直线的斜率和倾斜角分别是(　　).

   A. $1, \dfrac{1}{4}\pi$　　B. $1, -\dfrac{1}{4}\pi$　　C. $-1, \dfrac{1}{4}\pi$　　D. $-1, -\dfrac{1}{4}\pi$

   (2) 经过点 $B(-1,3)$ 且与 x 轴垂直的直线方程是(　　).

   A. $y=3$　　B. $x=3$　　C. $y=-1$　　D. $x=-1$

   (3) 经过点 $A(2,-4)$ 且与 y 轴垂直的直线方程是(　　).

   A. $x=2$　　B. $y=2$　　C. $x=-4$　　D. $y=-4$

   (4) 垂直于 x 轴且与 y 轴距离为 1 的直线方程是(　　).

   A. $x=\pm 1$　　B. $y=\pm 1$　　C. $x=1$　　D. $y=1$

   (5) 经过 $A(1,-1), B(0,2)$ 两点的直线方程为(　　).

   A. $3x+y+2=0$　　B. $3x+y-2=0$

   C. $3x-y+2=0$　　D. $3x-y-2=0$

   (6) 已知直线方程为 $3x-2y+6=0$,则它在 x 轴与 y 轴上的截距分别是(　　).

   A. $-2,-3$　　B. $-2,3$　　C. $2,-3$　　D. $2,3$

   (7) 下列直线中与直线 $5x-3y+4=0$ 平行的是(　　).

   A. $5x+3y-4=0$　　B. $10x-6y-3=0$

   C. $10x+6y-5=0$　　D. $5x+3y-6=0$

   (8) 下列直线中与直线 $3x-2y+7=0$ 垂直的是(　　).

   A. $2x+3y-3=0$　　B. $3x-2y-3=0$

   C. $2x-3y-3=0$　　D. $3x+2y-3=0$

   (9) 直线 $2x-3y+10=0$ 与 $3x+4y-2=0$ 的交点坐标为(　　).

   A. $(2,2)$　　B. $(-2,-2)$　　C. $(-2,2)$　　D. $(2,-2)$

   (10) 过点 $P(1,-2)$ 且平行于向量 $\vec{v}=(2,5)$ 的直线方程为(　　).

   A. $5x-2y-9=0$　　B. $2x-5y-9=0$

   C. $2x+5y+8=0$　　D. $5x+2y+8=0$

   (11) 过点 $P(1,-2)$ 且垂直于向量 $\vec{n}=(2,5)$ 的直线方程为(　　).

A. $5x-2y-9=0$　　　　B. $2x-5y-9=0$

C. $2x+5y+8=0$　　　　D. $5x+2y+8=0$

2. 判断题：

   (1) 直线倾斜角为 $0°$ 时斜率不存在. （　　）

   (2) 点 $(4,-1)$ 在直线 $x+3y+2=0$ 上. （　　）

   (3) 三点 $A(1,-3),B(-2,5),C(2,0)$ 在同一条直线上. （　　）

   (4) 斜率是 -3，在 y 轴上的截距是 -4，则直线方程为 $y=-3x+4$.
   （　　）

   (5) 直线 $\dfrac{x}{3}-\dfrac{y}{6}=1$ 在 x 轴上的截距为 3，在 y 轴上的截距为 6. （　　）

   (6) 点 $P(1,-2)$ 到直线 $4x-3y+5=0$ 的距离是 3. （　　）

   (7) 两条直线平行，则斜率一定相等. （　　）

   (8) 斜率相等的两条直线一定互相平行. （　　）

   (9) 直线 $l_1:2x+3y-5=0$ 与 $l_2:4x-6y+20=0$ 相互平行. （　　）

   (10) 直线 $l_1:x+2y-3=0$ 与 $l_2:2x+4y+8=0$ 相互垂直. （　　）

   (11) 过点 $P(4,-5)$ 且方向向量 $\vec{v}=(0,2)$ 的直线方程为 $x=4$. （　　）

   (12) 过点 $P(3,-4)$ 且法向量 $\vec{n}=(0,6)$ 的直线方程为 $y=-4$. （　　）

3. 填空题：

   (1) 直线 l 平行于 x 轴，则其倾斜角 $\alpha=$＿＿＿＿＿＿，斜率 k ＿＿＿＿＿＿；直线 l 平行于 y 轴，则其倾斜角 $\alpha=$＿＿＿＿＿＿，斜率 k ＿＿＿＿＿＿.

   (2) 直线 $y=kx+2$ 经过点 $P(-1,-2)$，则 $k=$＿＿＿＿＿＿.

   (3) 直线 l 的倾斜角 α 的取值范围是＿＿＿＿＿＿.

   (4) 直线 $3x+y-5=0$ 的斜率为＿＿＿＿＿＿，在 x 轴上的截距为＿＿＿＿＿＿，在 y 轴上的截距为＿＿＿＿＿＿.

   (5) 点 $M(1,2)$ 到直线 $3x+4y-1=0$ 的距离 $d=$＿＿＿＿＿＿.

   (6) 平行线 $6x+8y-4=0$ 与 $6x+8y+6=0$ 的距离 $d=$＿＿＿＿＿＿.

   (7) 已知直线过点 $A(3,-2)$，方向向量为 $\vec{v}=(-1,5)$，则该直线的参数式方程为＿＿＿＿＿＿.

4. 用适当的方式求下列直线方程，并化为一般式.

   (1) 过点 $P(1,-5)$，且倾斜角 $\alpha=45°$；

(2) 经过两点 $A(-2,-1), B(0,-2)$;

(3) 经过两点 $A(2,3), B(3,-4)$;

(4) 经过两点 $A(-5,0), B(0,6)$;

(5) 经过点 $P(6,-3)$, 且 $\vec{v}=(1,-2)$;

(6) 经过点 $P(3,-4)$, 且 $\vec{n}=(2,-3)$.

5. 直线的一般式方程为 $3x+4y+24=0$, 求该直线的斜率及在两坐标轴上的截距.

6. 求过点 $P(-4,3)$ 且与直线 $l: x-2y+5=0$ 垂直的直线方程.

7. 求平行于直线 $4x+y-3=0$, 并且过点 $P(-2,3)$ 的直线方程.

8. 求经过点 $A(1,-2), B(-3,7)$ 的直线的参数式方程.

9. 求点 $P_0(-3,4)$ 到直线 $6x-8y=10$ 的距离.

10. 求直线 $l_1: x-3y-6=0$ 与直线 $l_2: -2x+6y+1=0$ 间的距离.

11. 设 x, y 满足约束条件

$$\begin{cases} x \geqslant -2, \\ y \geqslant -1, \\ 2x+3y=24, \\ -2x+3y=12. \end{cases}$$

(1) 求目标函数 $z=2x-3y$ 的最大值与最小值;

(2) 求目标函数 $z=3x+4y-2$ 的最大值与最小值.

复 习 题 B

1. 选择题:

(1) 方程 $|x|=|2y|$ 表示的图形是( ).

  A. 两条平行直线   B. 两条相交直线

  C. 有公共端点的两条射线   D. 一个点

(2) 以 $A(-3,2)$ 和 $B(5,4)$ 两点为端点的线段 AB 的垂直平分线的方程为( ).

  A. $4x+y-7=0$ B. $x+4y-7=0$

  C. $4x-y+7=0$ D. $x-4y+7=0$

(3) 经过两点 $A(-3,-1)$ 和 $B(-6,2)$ 的直线的斜率和倾斜角分别是

( ).

  A. $1, \dfrac{3}{4}\pi$ B. $1, -\dfrac{3}{4}\pi$

  C. $-1, \dfrac{3}{4}\pi$ D. $-1, -\dfrac{3}{4}\pi$

(4) 已知直线方程为 $2x-y+6=0$,则它在 x 轴与 y 轴上的截距分别是( ).

  A. $3,-6$ B. $-3,6$ C. $-3,-6$ D. $3,6$

(5) 已知直线 l 的纵截距是 $\dfrac{2}{3}$,且其倾斜角与直线 $l_1: y=2x-3$ 的倾斜角相等,则该直线的方程为( ).

  A. $y=2x+\dfrac{2}{3}$ B. $y=\dfrac{2}{3}x+2$

  C. $y=2x+\dfrac{3}{2}$ D. $y=\dfrac{3}{2}x+2$

(6) 下列直线中与直线 $2x-3y+6=0$ 平行的是( ).
  A. $2x+3y-6=0$ B. $4x-6y-3=0$
  C. $4x+6y-5=0$ D. $3x-2y-6=0$

(7) 下列直线中与直线 $2x-3y+6=0$ 垂直的是( ).
  A. $2x+3y-3=0$ B. $3x-2y-3=0$
  C. $2x-3y-3=0$ D. $3x+2y-3=0$

(8) 点 $P(2,-1)$ 到直线 $l:3x-4y+5=0$ 的距离等于( ).
  A. 1   B. 2   C. 3   D. 4

(9) 直线 $l_1:2x+y-3=0$ 与直线 $l_2:3x-y+\dfrac{7}{2}=0$ 的夹角是( ).
  A. $30°$ B. $45°$ C. $60°$ D. $90°$

(10) 直线 $x=3+2(y-4)$ 在 y 轴上的截距为( ).
  A. 5   B. $\dfrac{5}{2}$ C. -5 D. $-\dfrac{5}{2}$

(11) 直线 $y=(m-3)x+1$ 的倾斜角 α 的取值范围是 $\dfrac{\pi}{2}<\alpha<\pi$,则 m 的取值范围是( ).
  A. $m>3$ B. $m>-3$ C. $m<3$ D. $m<-3$

(12) 垂直于 x 轴且与 y 轴的距离为 5 的直线方程是( ).

A. $x=5$ B. $x=-5$ C. $x=\pm 5$ D. $y=\pm 5$

(13) 直线 $ax+5y+2=0$ 与直线 $x+2y+3=0$ 相互垂直,那么 a 的值是( ).

A. -10 B. -8 C. -6 D. 10

2. 判断题:

(1) 相互垂直的两条直线的斜率一定互为负倒数. ( )

(2) 斜率互为负倒数的两条直线一定互相垂直. ( )

(3) 已知等腰 $\triangle ABC$ 的三个顶点的坐标是 $A(0,5)$,$B(-3,0)$ 和 $C(3,0)$,则中线 AO 的方程为 $x=0$. ( )

(4) 三点 $A(0,3)$,$B(-1,5)$,$C(2,-1)$ 在同一条直线上. ( )

(5) 直线 $\dfrac{x}{-3}+\dfrac{y}{6}=1$ 在 x 轴上的截距为 -3,在 y 轴上的截距为 6. ( )

(6) 直线 $l_1:3x+2y-4=0$ 与 $l_2:6x+4y-8=0$ 相互平行. ( )

(7) 直线 $l_1:x+3y-4=0$ 与 $l_2:2x+6y+8=0$ 相互垂直. ( )

(8) 直线 $l_1:x+3y-4=0$ 与 $l_2:2x+5y+1=0$ 相交于某点. ( )

(9) 点 $P(2,-1)$ 到直线 $3x-4y+5=0$ 的距离是 3. ( )

3. 填空题:

(1) 有一条直线,只经过第一、第三象限,其斜率 k _____;只经过第二、第四象限,其斜率 k _____.

(2) 当 $B\neq 0$ 时,直线 $Ax+By+C=0(A\neq 0)$ 的斜率 $k=$ _____,在 y 轴上的截距 $b=$ _____,在 x 轴上的截距 $a=$ _____.

(3) 当 $B=0$ 时,直线 $Ax+By+C=0$ 与 _____ 轴平行或重合,它的斜率是 _____.

(4) 当 $A=0$ 时,直线 $Ax+By+C=0$ 与 _____ 轴平行或重合,它的斜率是 _____.

(5) 点 $M(1,2)$ 到直线 $3x-y+1=0$ 的距离 $d=$ _____.

(6) 平行线 $x+3y-4=0$ 与 $2x+6y+1=0$ 的距离 $d=$ _____.

4. 当 m 为何值时,经过两点 $A(-m,6)$ 和 $B(1,3m)$ 的直线的斜率是 12?

5. 设直线 AB 的斜率是由 $C(2,-2)$ 和 $D(4,2)$ 两点所确定的直线的斜率的 2 倍,求直线 AB 的斜率.

6. 已知直线的一般式方程为 $3x+4y-5=0$，求该直线的斜率及在两坐标轴上的截距.

7. 求过点 $P(-4,3)$ 且与直线 $l:2x-3y+6=0$ 垂直的直线方程.

8. 求经过两条直线 $2x+y-8=0$ 与 $x-2y+1=0$ 的交点，且平行于直线 $4x-3y-7=0$ 的直线方程.

9. 求平行于直线 $x+y-3=0$，且在 y 轴上的截距是 -3 的直线方程.

10. 咖啡馆配制甲、乙两种饮料. 甲种饮料每杯含奶粉 9 g、咖啡 4 g、糖 3 g，乙种饮料每杯含奶粉 4 g、咖啡 5 g、糖 10 g. 已知各种原料每天的使用限额为奶粉 3600 g、咖啡 2000 g、糖 3000 g，甲种饮料每杯能获利 0.7 元，乙种饮料每杯能获利 1.2 元，每天在原料的使用限额内饮料能全部售出，请问：每天应配制两种饮料各多少杯能获利最大？

第10章 二次曲线

二次曲线即圆锥曲线,圆锥曲线主要包括圆、椭圆、双曲线、抛物线. 早在 2300 多年前,古希腊学者已在圆锥曲线的研究方面取得了丰硕成果. 从几何学的观点来看,用一个平面去截一个圆锥面,得到的交线称为圆锥曲线(conic section). 本章学习的主要内容是曲线与方程、圆、椭圆、双曲线、抛物线等.

§10.1 曲线与方程

我们先来学习曲线的方程与方程的曲线这两个概念.

定义 在建立了直角坐标系的平面上,如果某曲线(看成是适合某种条件的点的集合或轨迹)上的点与某个二元方程 $f(x,y)=0$ 的实数解建立了如下的对应关系:

(1) 曲线上的点的坐标都满足这个方程;
(2) 以这个方程的解为坐标的点都在这条曲线上.

那么,这个方程叫作**曲线的方程**,这条曲线叫作**方程的曲线**(或方程的图形).

例如,与定点的距离为 2 的点的轨迹就是以定点为圆心、半径为 2 的圆. 显然,这个圆上的点都适合条件"与定点的距离为 2",而适合"与定点的距离为 2"这个条件的点都在这个圆上.

由于曲线上的点的坐标都满足曲线的方程,因此坐标不满足方程的点不在这条曲线上. 例如,判定 $A(7,1)$ 和 $B(4,7)$ 两点是否在曲线 $(x-2)^2+(y-1)^2=25$ 上,只需将 A,B 两点的坐标分别代入所给的方程,计算可知,A 点的坐标满足曲线方程 $(x-2)^2+(y-1)^2=25$,而 B 点的坐标不满足所给的曲线方程,所以 B 点不在该曲线上.

由于曲线和方程之间具有这样的关系,那么下面来讨论:已知某条曲线,怎样求它的方程?

【例1】 求到定点 $C(2,1)$ 的距离等于 5 的点的轨迹方程.

解 如图 10-1 所示,建立平面直角坐标系,设 $M(x,y)$ 是曲线上任意一点,根据题意有
$$|MC|=5.$$
由两点间的距离公式,得
$$\sqrt{(x-2)^2+(y-1)^2}=5,$$
两边平方,得
$$(x-2)^2+(y-1)^2=25.$$
因此,所求曲线的方程为
$$(x-2)^2+(y-1)^2=25.$$

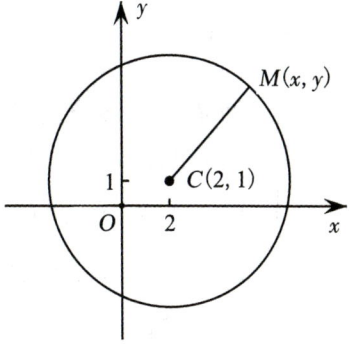

图 10-1

【例2】 已知一曲线是与两个定点 $O(0,0)$,$A(3,0)$ 的距离的比为 $\dfrac{1}{2}$ 的点的轨迹,求曲线的方程.

解 设点 $M(x,y)$ 是曲线上的任意一点,由题意得
$$\frac{|OM|}{|AM|}=\frac{1}{2},$$
由两点间的距离公式,得
$$\frac{\sqrt{x^2+y^2}}{\sqrt{(x-3)^2+y^2}}=\frac{1}{2},$$
化简,得
$$x^2+2x+y^2=3.$$
因此,所求曲线的方程为 $(x+1)^2+y^2=4$.

平面解析几何学的两个基本问题是:

(1) 由曲线到方程;

(2) 由方程到曲线.

这两个基本问题的解决构成了平面解析几何学的两条主线,本章我们主要是围绕第一个基本问题而展开讨论的. 一般地,由曲线到方程(求曲线的方程)的步骤如下:

(1) 选取适当的直角坐标系,并用 (x,y) 表示曲线上任意点 M 的坐标;

(2) 写出曲线满足的几何条件(几何等式);

(3) 将几何条件坐标化(几何等式转化为方程);

(4) 将方程最简化,得出所求曲线的方程(并证明所得方程就是曲线的方程,证明过程可省略).

 练习

1. 判定下列各点是否在所给方程的曲线上:
   (1) $A(0,0)$, $B(3,0)$, $C(0,-2)$, 曲线的方程 $y^2-x-2y-8=0$;
   (2) $A(3,10)$, $B(2,-3)$, $C(1,-2)$, 曲线的方程 $x^2-xy+2y+1=0$;
   (3) $A(-4,3)$, $B(2,4)$, $C(7,-3\sqrt{2})$, $D(5\cos\theta, 5\sin\theta)$, 曲线的方程 $x^2+y^2=25$.

2. 如果点 $A(1,y_0)$ 是曲线 $y^2-4y-2x+5=0$ 上的点,求点 A 的纵坐标 y_0.

 习题 10.1

1. 求适合下列条件的点的轨迹方程:
   (1) 点到原点的距离等于 2;
   (2) 点到直线 $x+2=0$ 的距离等于 3;
   (3) 点到点 $A(-2,-4)$ 和 $B(-1,2)$ 的距离相等;
   (4) 点到点 $A(-5,0)$ 和 $B(5,0)$ 的距离的平方差为 36.

2. 一个点到点 $(0,2)$ 的距离等于它到直线 $y+2=0$ 的距离,求这个点的轨迹方程.

3. 等腰 $\triangle ABC$ 的底边两个端点是 $B(2,4)$ 和 $C(3,-5)$,求顶点 A 的轨迹方程.

§10.2 圆

1. 圆的定义与标准方程

定义 平面内到定点的距离等于定长的点的集合(轨迹)叫作**圆**,这个定点叫作**圆心**,定长叫作**半径**.

根据圆的定义,我们来求圆心是 $C(a,b)$,半径是 r 的圆的方程.

如图 10-2 所示,设 $M(x,y)$ 是圆上任意一点,由已知条件,得
$$|MC|=r.$$
由两点间的距离公式,得
$$\sqrt{(x-a)^2+(y-b)^2}=r,$$
两边平方,得
$$(x-a)^2+(y-b)^2=r^2. \qquad (10\text{-}1)$$
该方程叫作以点 $C(a,b)$ 为圆心,r 为半径的**圆的标准方程**.

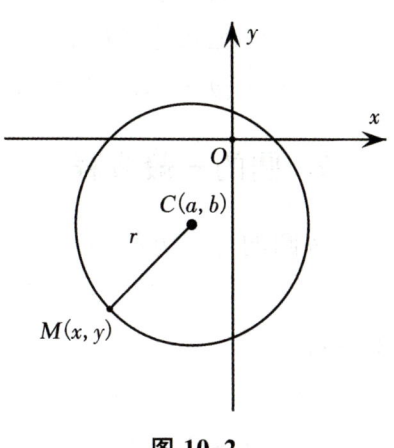

图 10-2

特别地,当 $a=b=0$ 时,方程(10-1)可化为
$$x^2+y^2=r^2.$$
这就是以原点为圆心,r 为半径的圆的标准方程.

【**例 1**】已知两点 $A(2,0)$ 和 $B(-4,2)$,求以线段 AB 为直径的圆的方程,并判断点 $P_1(2,2)$,$P_2(2,3)$,$P_3(2,1)$ 是在圆上、圆内还是圆外.

解 因为线段 AB 是直径,圆心 C 是线段 AB 的中点,故圆心 C 的坐标为 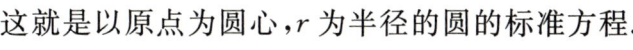,即 $C(-1,1)$. 圆的半径为
$$r=\frac{1}{2}|AB|=\frac{1}{2}\sqrt{(-4-2)^2+(2-0)^2}=\sqrt{10},$$
则所求圆的标准方程为
$$(x+1)^2+(y-1)^2=10.$$
将 P_1,P_2,P_3 三点的坐标分别代入圆的标准方程,得

$$P_1: (2+1)^2+(2-1)^2=10,$$
$$P_2: (2+1)^2+(3-1)^2>10,$$
$$P_3: (2+1)^2+(1-1)^2<10.$$

所以,点 P_1 在圆上,点 P_2 在圆外,点 P_3 在圆内.

1. 圆 $\left(x-\dfrac{3}{2}\right)^2+(y+1)^2=\dfrac{1}{4}$ 的圆心坐标是_____,半径是_____.

2. 写出下列圆的标准方程:

(1) 圆心在 $C(-3,4)$,半径长为 $\sqrt{5}$;

(2) 圆心在 $C(8,-3)$,且经过点 $M(5,1)$;

(3) 以点 $A(-2,5)$ 和 $B(6,-5)$ 为直径的两个端点的圆.

2. 圆的一般方程

将圆的标准方程 $(x-a)^2+(y-b)^2=r^2$ 展开,得
$$x^2-2ax+a^2+y^2-2by+b^2=r^2,$$
整理得
$$x^2+y^2-2ax-2by+a^2+b^2-r^2=0.$$
设 $-2a=D, -2b=E, a^2+b^2-r^2=F$,代入上式,得
$$x^2+y^2+Dx+Ey+F=0. \tag{10-2}$$

该方程叫作**圆的一般方程**.

将方程(10-2)配方,得
$$\left(x+\dfrac{D}{2}\right)^2+\left(y+\dfrac{E}{2}\right)^2=\dfrac{D^2+E^2-4F}{4}.$$

(1) 当 $D^2+E^2-4F>0$ 时,方程(10-2)表示以 $\left(-\dfrac{D}{2},-\dfrac{E}{2}\right)$ 为圆心,以 $\dfrac{1}{2}\sqrt{D^2+E^2-4F}$ 为半径的圆.

(2) 当 $D^2+E^2-4F=0$ 时,方程(10-2)只有实数解 $x=-\dfrac{D}{2}, y=-\dfrac{E}{2}$,所以它表示一个点 $\left(-\dfrac{D}{2},-\dfrac{E}{2}\right)$.

(3) 当 $D^2+E^2-4F<0$ 时,方程(10-2)没有实数解,因而它不表示任何

曲线.

圆的标准方程的优点在于它明确地指出了圆心和半径,而一般方程则突出了方程形式上的特点：

(1) x^2 与 y^2 的系数相等且不等于 0;

(2) 不含 xy 项(即 xy 项的系数等于 0).

【例 2】 判定下列二元二次方程所表示的曲线的形状：

(1) $2x^2+2y^2+2x-2y-7=0$;

(2) $x^2+y^2-2x-4y+5=0$;

(3) $x^2+y^2-2x-4y+6=0$.

解 这三个方程都具有圆的一般方程的特点,所以将三个方程分别配方.

(1) $\left(x+\dfrac{1}{2}\right)^2+\left(y-\dfrac{1}{2}\right)^2=4$,它表示圆心为 $\left(-\dfrac{1}{2},\dfrac{1}{2}\right)$,半径为 2 的圆;

(2) $(x-1)^2+(y-2)^2=0$,它只表示一个点 $(1,2)$;

(3) $(x-1)^2+(y-2)^2=-1$,它不表示任何曲线.

【例 3】 求过三点 $O(0,0),A(1,1),B(4,2)$ 的圆的方程,并求这个圆的半径和圆心坐标.

解 设所求圆的方程为
$$x^2+y^2+Dx+Ey+F=0.$$
因为 O,A,B 三点均在圆上,它们的坐标都应满足这个方程,所以得方程组
$$\begin{cases} F=0, \\ D+E+F+2=0, \\ 4D+2E+F+20=0. \end{cases}$$
解这个方程组,得
$$D=-8, \quad E=6, \quad F=0.$$
故所求圆的方程为
$$x^2+y^2-8x+6y=0.$$
因此,这个圆的圆心坐标为 $(4,-3)$,半径 $r=\dfrac{1}{2}\sqrt{D^2+E^2-4F}=5$.

【例 4】 求以 $C(1,3)$ 为圆心,且与直线 $3x-4y-7=0$ 相切的圆的方程.

解 已知圆心是 $C(1,3)$,因为圆心到切线的距离等于半径,所以根据点到直线的距离公式,得

$$r = \frac{|3 \times 1 - 4 \times 3 - 7|}{\sqrt{3^2 + (-4)^2}} = \frac{16}{5},$$

因此,所求圆的方程为

$$(x-1)^2 + (y-3)^2 = \frac{256}{25}.$$

1. 求下列各圆的圆心和半径:

    (1) $x^2 + y^2 - 6x = 0$;

    (2) $x^2 + y^2 - 2x + 4y + 1 = 0$;

    (3) $2x^2 + 2y^2 + 2x - 2y - 5 = 0$;

    (4) $x^2 + y^2 + 2by = 0$.

2. 如图 10-3 所示,等腰梯形 $ABCD$ 的底边长分别为 6 和 4,高为 3,求这个等腰梯形的外接圆的方程以及这个圆的圆心坐标和半径长.

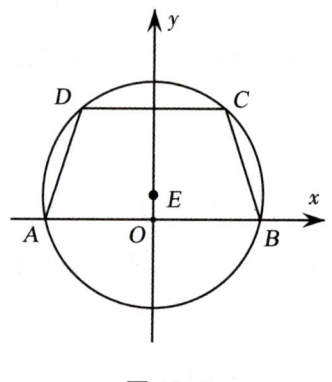

图 10-3

3. 坐标轴的平移变换

我们知道,点的坐标、曲线的方程都和坐标系的选择有关,在不同的坐标系中,同一个点有不同的坐标,同一条曲线有不同的方程. 例如,如图 10-4 所示,圆 O' 的圆心 O' 点,在坐标系 xOy 中的坐标是 $(1,-2)$,圆 O' 的方程是 $(x-1)^2 + (y+2)^2 = 2^2$;如果取坐标系 $x'O'y'$(其中 $O'x' /\!/ Ox$, $O'y' /\!/ Oy$),那么在这个坐标系中,它们就分别变成了 $(0,0)$ 和 $x'^2 + y'^2 = 2^2$.

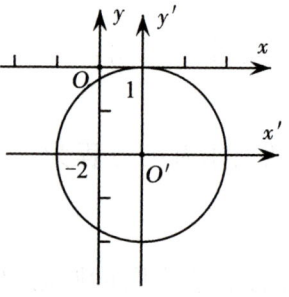

图 10-4

由这个例子看出,将一个坐标系变换为另一个适当的坐标系,可以使曲线的方程简化.在实际应用中,常利用坐标轴位置的平移来简化曲线的方程,便于研究曲线的性质.

坐标轴的方向和长度单位都不改变,只改变原点的位置,这种坐标系的变换叫作**坐标轴的平移**,简称**平移**.

下面研究在平移的情况下,同一个点在两个不同的坐标系中坐标之间的关系.

设点 O' 在原坐标系 xOy 中的坐标为 (h,k),以 O' 为原点平移坐标轴,建立新坐标系 $x'O'y'$.设平面内任一点 M 在原坐标系中的坐标为 (x,y),在新坐标系中的坐标为 (x',y'),点 M 到 x 轴,y 轴的垂线的垂足分别为 M_1,M_2.

从图 10-5 可以看出:
$$x=OO_1+O_1M_1=h+x',$$
$$y=OO_2+O_2M_2=k+y'.$$

因此,点 M 的原坐标和新坐标之间有下面的关系:
$$x=x'+h, \quad y=y'+k,$$

或者写成
$$x'=x-h, \quad y'=y-k.$$

上面两个公式叫作**坐标轴的平移公式**.

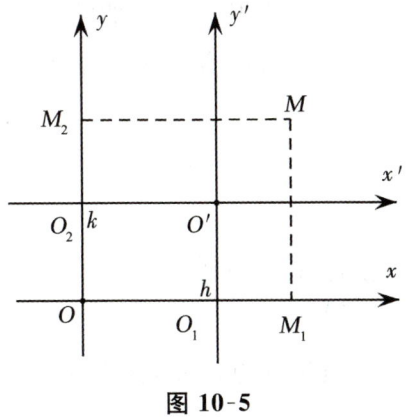

图 10-5

它们给出了同一点的新坐标和原坐标之间的关系.利用这两个公式,可以变换点的坐标和方程的形式.

【例 5】平移坐标轴,把原点移到 $O_1(3,-4)$,如图 10-6 所示,求下列各点的新坐标:$O(0,0),A(3,-4),B(5,2),C(3,-2)$.

解 将已知各点的原坐标分别代入
$$x'=x-3, \quad y'=y+4$$
便得到它们的新坐标:$O(-3,4),A(0,0),B(2,6),C(0,2)$.

【例 6】平移坐标系,把原点移到 $O'(2,-1)$,求下列曲线在新坐标系中的方程:

(1) $x=2$;

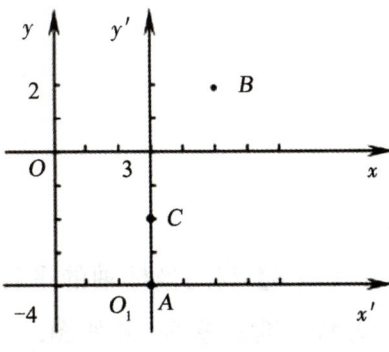

图 10-6

(2) $y=-1$；

(3) $2x-3y-5=0$；

(4) $x^2+y^2-4x+2y-4=0$.

解 设曲线上点的新坐标为(x',y')，根据题意，有
$$x=x'+2, \quad y=y'-1,$$
代入原方程，即得到新方程：

(1) $x'=0$；

(2) $y'=0$；

(3) $2x'-3y'+2=0$；

(4) $x'^2+y'^2=9$.

【例7】利用坐标轴的平移，化简方程 $x^2-4x-4y-8=0$，并作图.

解 将原方程按 x 配方，得
$$(x-2)^2=4(y+3).$$
令
$$x'=x-2, \quad y'=y+3,$$
将坐标原点移到 $O'(2,-3)$，代入配方后的方程，得
$$x'^2=4y'.$$

通过描点画图，作图 10-7 如下：

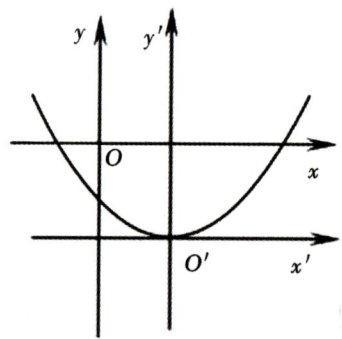

图 10-7

【例8】利用坐标轴的平移，化简方程 $4x^2-9y^2-32x+72y-116=0$，使新方程不含一次项，并作图.

解 将方程配方，得
$$4(x-4)^2-9(y-4)^2-36=0.$$
设 $x'=x-4, y'=y-4$，代入上面的方程，得

$$4x'^2 - 9y'^2 = 36,$$

所以原方程可化为

$$\frac{x'^2}{9} - \frac{y'^2}{4} = 1.$$

通过描点画图,作图 10-8 如下:

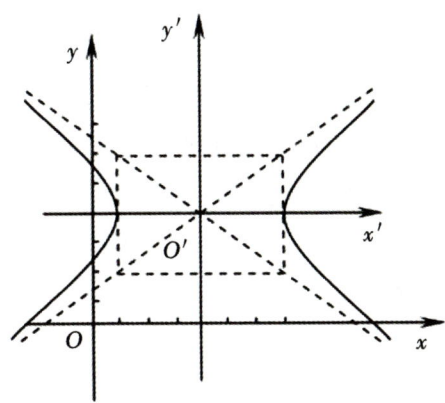

图 10-8

1. 平移坐标系,将原点移到 $O'(4,-3)$,求以下各点的新坐标,并画出新旧坐标系和以下各点.

$A(-1,0), B(7,0), C(0,-2), D(-4,5), E(-2,-3)$.

2. 平移坐标系,将原点移到 $O'(2,-3)$,求下列曲线在新坐标系中的方程,并画出新旧坐标系和曲线.

(1) $x = -5$;

(2) $y = 2x + 1$;

(3) $y = \frac{1}{2}x^2 + x + \frac{5}{2}$;

(4) $x^2 + y^2 - 4x + 6y - 3 = 0$.

习题 10.2

1. 求下列各圆的圆心坐标和半径长,并画出它们的图形:

(1) $x^2 + y^2 - 2x - 5 = 0$;

(2) $x^2 + y^2 + 2x - 4y - 4 = 0$;

(3) $x^2+y^2+2ax=0$;

(4) $x^2+y^2-2by-2b^2=0$.

2. 求下列各圆的方程：

(1) 圆心为点 $C(-11,0)$，且过点 $A(-7,12)$ 的圆；

(2) 已知点 $A(-2,4)$ 和 $B(8,-2)$，以线段 AB 为直径的圆；

(3) 过 $A(-1,5)$，$B(5,5)$，$C(6,-2)$ 三点的圆；

(4) 过点 $(4,-2)$ 且与两坐标轴相切的圆.

3. 求圆心在点 $(3,-5)$ 且与 x 轴相切的圆的方程.

4. 求圆心在点 $(3,-5)$ 且与直线 $x-7y+2=0$ 相切的圆的方程.

5. 圆 C 的圆心在 x 轴上，并且过点 $A(-1,1)$ 和 $B(1,3)$，求圆 C 的方程.

6. 圆 C 的圆心在直线 $l:x-2y-1=0$ 上，并且过原点和 $A(2,1)$，求圆 C 的方程.

7. 一条纵截距为 5 的直线与圆 $x^2+y^2=5$ 相切，求此直线的方程.

8. 求平行于直线 $x+y-3=0$ 并与圆 $x^2+y^2-6x-4y+5=0$ 相切的直线的方程.

9. 平移坐标轴，使原点移到 O'，求下列各方程的新方程，并作出方程的图象.

(1) $y=3, O'(-2,1)$;

(2) $3x-4y=6, O'(3,0)$;

(3) $x^2+y^2-6x-8y+9=0, O'(3,4)$;

(4) $x^2+2x-12y-47=0, O'(-1,-4)$;

(5) $4x^2+9y^2+16x-18y-11=0, O'(-2,1)$;

(6) $4x^2-y^2-24x+16y=0, O'(3,8)$.

10. 利用坐标系平移，使下列曲线的新方程不含 x' 和 y' 的一次项.

(1) $y=x^2-4x+1$;

(2) $y=3x^2-6x+2$;

(3) $y^2+6y-8x+17=0$;

(4) $9x^2+4y^2-18x+16y-11=0$;

(5) $x^2-4y^2-4x-24y-16=0$.

§10.3 椭　　圆

1. 椭圆的定义与标准方程

取一根适当长的细绳,在平板上将绳的两端分别固定在 F_1,F_2 两个点上($|F_1F_2|$小于绳的长度),如图 10-9 所示,用笔尖绷紧细绳,在平板上慢慢移动,就可以画出一个椭圆.

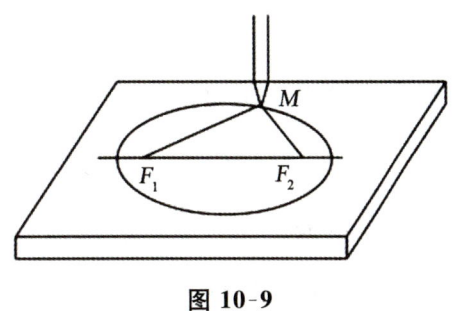

图 10-9

从上面的画图过程我们可以看出,椭圆是与两定点的距离的和等于定长(即这条绳长)的点的集合.

定义　我们把平面内与两个定点 F_1,F_2 的距离的和等于常数(大于 $|F_1F_2|$)的点的轨迹叫作椭圆. 两个定点 F_1,F_2 叫作椭圆的焦点,两焦点间的距离叫作椭圆的焦距.

根据椭圆的定义,我们来求椭圆的方程.

如图 10-10 所示,取过点 F_1,F_2 的直线为 x 轴,线段 F_1F_2 的垂直平分线为 y 轴,建立直角坐标系 xOy.

设 $M(x,y)$ 是椭圆上任意一点,椭圆的焦距为 $2c(c>0)$,那么,焦点 F_1,F_2 的坐标分别是 $(-c,0)$,$(c,0)$. 又设点 M 与 F_1 和 F_2 距离的和为常数 $2a$,根据椭圆的定义,得

$$|MF_1|+|MF_2|=2a,$$

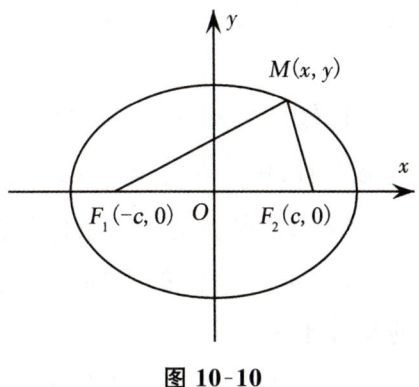

图 10-10

由两点间距离公式,得

$$\sqrt{(x+c)^2+y^2}+\sqrt{(x-c)^2+y^2}=2a,$$

移项,两边平方,得

$$(x+c)^2+y^2=4a^2-4a\sqrt{(x-c)^2+y^2}+(x-c)^2+y^2,$$

整理,得
$$a\sqrt{(x-c)^2+y^2}=a^2-cx,$$
两边平方,得
$$a^2[(x-c)^2+y^2]=a^4-2a^2cx+c^2x^2,$$
整理,得
$$(a^2-c^2)x^2+a^2y^2=a^2(a^2-c^2).$$
由于 $2a>2c$,所以 $a^2-c^2>0$,令 $b^2=a^2-c^2$ 代入上式,得
$$b^2x^2+a^2y^2=a^2b^2,$$
两边同除以 a^2b^2,得
$$\frac{x^2}{a^2}+\frac{y^2}{b^2}=1(a>b>0).$$

这个方程叫作<u>椭圆的标准方程</u>,它所表示的椭圆的焦点在 x 轴上,焦点是 $F_1(-c,0),F_2(c,0)$,这里 $c^2=a^2-b^2$.

如果使点 F_1,F_2 在 y 轴上,点 F_1,F_2 的坐标分别为 $F_1(0,-c),F_2(0,c)$(如图 10-11),a,b 的意义同上,那么所得椭圆的方程变为
$$\frac{x^2}{b^2}+\frac{y^2}{a^2}=1(a>b>0).$$

这个方程也是椭圆的标准方程,其中 $c^2=a^2-b^2$.

比较后可发现,x^2 项的分母比 y^2 项的分母大时,焦点在 x 轴上;y^2 项的分母比 x^2 项的分母大时,焦点在 y 轴上.

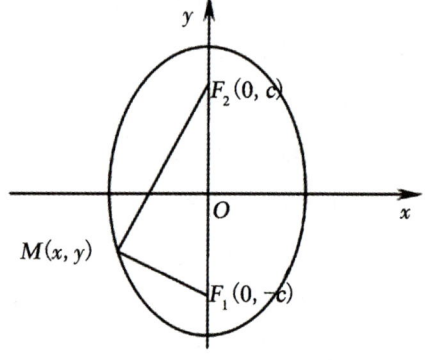

图 10-11

【例 1】求满足下列条件的椭圆的标准方程:

(1) 两个焦点的坐标分别是 $(-4,0)$ 和 $(4,0)$,椭圆上一点到两焦点距离的和等于 10;

(2) 两个焦点的坐标分别是 $(0,-2)$ 和 $(0,2)$,并且椭圆经过点 $\left(-\frac{3}{2},\frac{5}{2}\right)$.

解 (1)因为椭圆的焦点在 x 轴上,所以设它的标准方程为
$$\frac{x^2}{a^2}+\frac{y^2}{b^2}=1(a>b>0).$$

因为 $2a=10, 2c=8$,所以 $a=5, c=4, b^2=a^2-c^2=5^2-4^2=9$. 因此,所求椭圆的标准方程为
$$\frac{x^2}{25}+\frac{y^2}{9}=1.$$

(2) 因为椭圆的焦点在 y 轴上,所以设它的标准方程为
$$\frac{x^2}{b^2}+\frac{y^2}{a^2}=1(a>b>0).$$

由椭圆的定义知
$$2a=\sqrt{\left(-\frac{3}{2}\right)^2+\left(\frac{5}{2}+2\right)^2}+\sqrt{\left(-\frac{3}{2}\right)^2+\left(\frac{5}{2}-2\right)^2}=\frac{3}{2}\sqrt{10}+\frac{1}{2}\sqrt{10}=2\sqrt{10},$$
$$a=\sqrt{10},$$

所以
$$b^2=a^2-c^2=10-4=6.$$

因此,所求椭圆的标准方程为
$$\frac{x^2}{6}+\frac{y^2}{10}=1.$$

练习

1. 写出适合下列条件的椭圆的标准方程:
   (1) $a=4, b=1$,焦点在 x 轴上;
   (2) $a=4, c=\sqrt{15}$,焦点在 y 轴上;
   (3) $b=2$,经过点 $A(-3,0)$,焦点在 x 轴上;
   (4) 经过点 $A(0,3)$ 和 $B(-2,0)$.

2. 椭圆的性质

下面我们以椭圆的标准方程 $\frac{x^2}{a^2}+\frac{y^2}{b^2}=1(a>b>0)$ 为例来研究椭圆的图象和几何性质.

对称性

由图 10-10 可观察出:椭圆关于 x 轴,y 轴和原点都对称. 坐标轴是椭圆的对称轴,坐标原点是椭圆的对称中心. 椭圆的对称中心叫作椭圆的中心.

范围

由方程 $\dfrac{x^2}{a^2}+\dfrac{y^2}{b^2}=1$ 可知,椭圆上

点的坐标 (x,y) 都适合不等式

$$\dfrac{x^2}{a^2}\leqslant 1,\quad \dfrac{y^2}{b^2}\leqslant 1,$$

即 $\quad |x|\leqslant a,\quad |y|\leqslant b.$

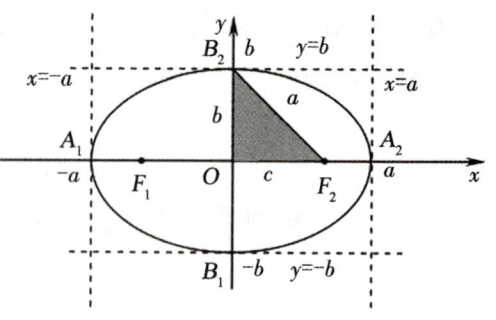

图 10-12

这说明椭圆位于直线 $x=\pm a$ 和 $y=\pm b$ 所围成的矩形里(如图 10-12).

顶点

在椭圆的标准方程中,令 $x=0$,得 $y=\pm b$,这说明 $B_1(0,-b),B_2(0,b)$ 是椭圆与 y 轴的两个交点.同理,令 $y=0$,得 $x=\pm a$,即 $A_1(-a,0),A_2(a,0)$ 是椭圆与 x 轴的两个交点.椭圆和它的对称轴的四个交点叫作椭圆的顶点.

线段 A_1A_2,B_1B_2 分别叫作椭圆的长轴和短轴,它们的长分别等于 $2a$,$2b$,而 a 和 b 分别叫作椭圆的长半轴长和短半轴长.

离心率

椭圆的焦距与长轴的长之比,叫作椭圆的离心率,通常用 e 表示,即

$$e=\dfrac{2c}{2a}=\dfrac{c}{a}.$$

因为 $a>c>0$,所以 $0<e<1$.由 $b^2=a^2-c^2$ 可知,当 a 为定值时,c 越大,则 b 越小,离心率 e 就越接近于 1,此时椭圆就越扁;反之,c 越小,则 b 越大,离心率 e 就越接近于 0,此时椭圆就越接近于圆.

【例 2】求椭圆 $16x^2+25y^2=400$ 的长轴和短轴的长以及焦点和顶点的坐标,并用描点法作出它的图象.

解 将已知方程化为标准方程,得

$$\dfrac{x^2}{5^2}+\dfrac{y^2}{4^2}=1,$$

这里 $a=5,b=4$,所以

$$c=\sqrt{a^2-b^2}=\sqrt{5^2-4^2}=\sqrt{25-16}=3.$$

因此,椭圆的长轴和短轴的长分别是 $2a=10$ 和 $2b=8$,两焦点分别是

$F_1(-3,0)$ 和 $F_2(3,0)$,四个顶点分别是 $A_1(-5,0)$, $A_2(5,0)$, $B_1(0,-4)$, $B_2(0,4)$.

将已知方程变形为

$$y = \pm \frac{4}{5}\sqrt{25-x^2},$$

根据 $y = \frac{4}{5}\sqrt{25-x^2}$,在 $0 \leqslant x \leqslant 5$ 的范围内计算出几个点的坐标 (x,y) 如下:

x	0	1	2	3	4	5
y	4	3.9	3.7	3.2	2.4	0

先描点画出椭圆在第一象限内的图象,再利用对称性画出椭圆的全部图象(如图10-13).

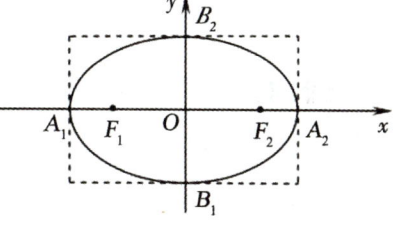

图 10-13

【例3】求适合下列条件的椭圆的标准方程:

(1) 一个焦点为 $F_1(-\sqrt{5},0)$,长轴与短轴的长之和为 10;

(2) 焦距与长半轴长的和为 10,离心率为 $\frac{1}{3}$.

解 (1) 椭圆焦点在 x 轴上,所以设椭圆的标准方程为

$$\frac{x^2}{a^2} + \frac{y^2}{b^2} = 1.$$

由已知条件,得

$$\begin{cases} c = \sqrt{5}, \\ 2a + 2b = 10, \\ c^2 = a^2 - b^2. \end{cases}$$

解此方程组,得

$$a = 3, \quad b = 2.$$

因此,所求椭圆的标准方程为

$$\frac{x^2}{3^2} + \frac{y^2}{2^2} = 1.$$

(2) 由题设条件可知,椭圆的焦点既可以在 x 轴上,又可以在 y 轴上,故应设椭圆的标准方程为

$$\frac{x^2}{a^2}+\frac{y^2}{b^2}=1 \text{ 或} \frac{x^2}{b^2}+\frac{y^2}{a^2}=1.$$

由已知条件,得

$$\begin{cases} 2c+a=10, \\ \dfrac{c}{a}=\dfrac{1}{3}. \end{cases}$$

解此方程组,得 $a=6, c=2$,从而

$$b^2=a^2-c^2=36-4=32.$$

因此,所求椭圆的标准方程为

$$\frac{x^2}{36}+\frac{y^2}{32}=1 \text{ 或} \frac{x^2}{32}+\frac{y^2}{36}=1.$$

【例 4】我国发射的第一颗人造地球卫星的运行轨道,是以地心(地球中心)F_2 为一个焦点的椭圆,已知它的近地点 A 距地面 439 km,远地点 B 距地面 2384 km,并且 F_2, A, B 在同一直线上,地球半径约为 6371 km,求卫星运行的轨道方程(精确到 1 km).

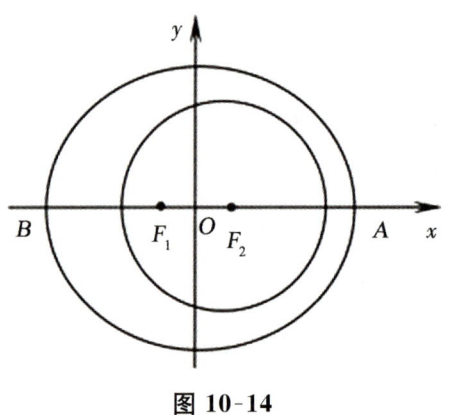

图 10-14

解 如图 10-14 所示,建立平面直角坐标系,使 A, B, F_2 在 x 轴上,F_2 为椭圆的右焦点,设椭圆的标准方程为

$$\frac{x^2}{a^2}+\frac{y^2}{b^2}=1(a>b>0),$$

则

$$2a=|AB|=439+6371\times 2+2384=15565,$$

所以

$$a=7782.5,$$
$$c=|OF_2|=7782.5-6371-439=972.5,$$

所以

$$b^2=a^2-c^2=7782.5^2-972.5^2\approx 7722^2.$$

因此,卫星运行的轨道方程是

$$\frac{x^2}{7783^2}+\frac{y^2}{7722^2}=1.$$

 练习

1. 求下列各椭圆的长轴和短轴的长,离心率,焦点和顶点坐标,并画出图形.

   (1) $\dfrac{x^2}{25}+\dfrac{y^2}{9}=1$;   (2) $9x^2+y^2=81$;

   (3) $x^2+4y^2=16$;   (4) $2x^2=1-y^2$.

 习题 10.3

1. 填空题：

   (1) 椭圆 $\dfrac{x^2}{8}+\dfrac{y^2}{16}=1$ 的长轴长是_____,短轴长是_____,焦点坐标是_____.

   (2) 如果椭圆的焦点为 $(0,\pm 3)$,长轴长是 10,那么短轴长是_____,该椭圆的标准方程是_____.

   (3) 椭圆 $\dfrac{x^2}{16}+\dfrac{y^2}{9}=1$ 中,$a=$_____,$b=$_____,$c=$_____,焦点坐标为_____.

2. 椭圆的两个顶点坐标为 $(\pm 4,0)$,焦点坐标为 $(\pm 2,0)$,求它的标准方程.

3. 椭圆的中心在原点,焦点在 y 轴上,焦距为 8,$2a=10$,求椭圆的标准方程.

4. 椭圆的中心在原点,一个顶点和一个焦点分别是直线 $x+3y-6=0$ 与两坐标轴的交点,求椭圆的标准方程,并作图.

5. 椭圆的中心在原点,焦点在 x 轴上,并且椭圆经过点 $M_1(6,4)$ 和 $M_2(8,-3)$,求椭圆的标准方程.

6. 一条直线经过椭圆 $9x^2+25y^2=225$ 的左焦点和圆 $x^2+y^2-2y-3=0$ 的圆心,求该直线的方程.

7. 一个圆的圆心在椭圆 $16x^2+25y^2=400$ 的右焦点上,并且该圆通过椭圆在 y 轴上的顶点,求该圆的方程.

8. 已知椭圆的中心在原点,焦点在 x 轴上,离心率 $e=\dfrac{1}{3}$,又知椭圆上有

一点 M,它的横坐标等于右焦点的横坐标,而纵坐标等于 4.求椭圆的标准方程,并画图.

9. 已知椭圆的焦距与长轴的和为 32,离心率 $e=\dfrac{3}{5}$,求椭圆的标准方程,并作图.

10. 椭圆的中心在原点,焦点在 y 轴上,焦距等于 8,长半轴与短半轴的和等于 8,求椭圆的标准方程.

11. 椭圆的中心在原点,对称轴重合于坐标轴,长轴为短轴的 3 倍,并且椭圆经过点 $A(3,0)$,求椭圆的标准方程.

12. 已知地球运行的轨道是长半轴长 $a=1.5\times10^8$ km,离心率 $e=0.0192$ 的椭圆,且太阳在这个椭圆的一个焦点上.求地球到太阳的最大和最小距离.

§10.4 双 曲 线

1. 双曲线的定义与标准方程

我们已经知道,与两个定点的距离的和为常数的点的轨迹是椭圆,那么与两个定点距离的差为非零常数的点的轨迹是怎样的曲线呢?

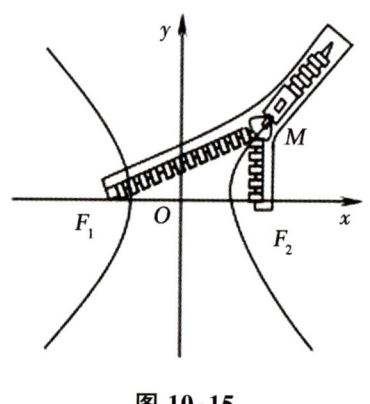

图 10-15

如图 10-15 所示,取一条拉链,先拉开一部分,分成两支,把一支剪断,把短的一支的端点固定在平板上的点 F_2 处,长的一支的端点固定在平板上的点 F_1 处,把笔尖放在拉链的开关 M 处,随着拉链逐渐拉开或闭拢,笔尖就画出一支曲线(图 10-15 中右边的曲线).交换两支拉链端点的位置,就得到另一支曲线(图 10-15 中左边的曲线).这两条曲线合起来叫作双曲线,每一条叫作双曲线的一支.

定义 我们把平面内与两个定点 F_1,F_2 的距离的差等于常数(小于 $|F_1F_2|$ 且不等于零)的点的轨迹叫作**双曲线**.两个定点 F_1,F_2 叫作**双曲线的焦点**,两焦点间的距离叫作**双曲线的焦距**.

我们可以仿照求椭圆的标准方程的方法,来求双曲线的标准方程.

第 10 章 二次曲线

以经过两焦点 F_1 和 F_2 的直线为 x 轴,线段 F_1F_2 的中点为原点,建立直角坐标系 xOy(如图 10-16),设两焦点间的距离为 $|F_1F_2|=2c$($c>0$),那么焦点 F_1,F_2 的坐标分别为$(-c,0)$,$(c,0)$.

设 $M(x,y)$ 是双曲线上任意一点,动点 M 到两焦点 F_1,F_2 距离之差的绝对值等于常数 $2a$($a>0$).根据双曲线的定义,得

$$|MF_1|-|MF_2|=\pm 2a,$$

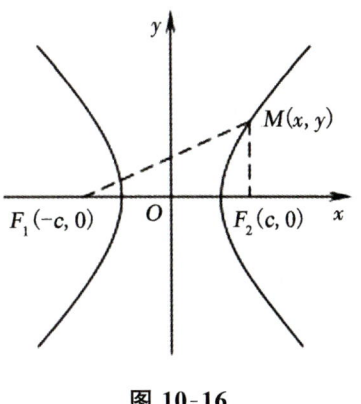

图 10-16

由两点间的距离公式,得

$$\sqrt{(x+c)^2+y^2}-\sqrt{(x-c)^2+y^2}=\pm 2a,$$

移项,两边平方,得

$$(x+c)^2+y^2=4a^2\pm 4a\sqrt{(x-c)^2+y^2}+(x-c)^2+y^2,$$

整理,得

$$\pm a\sqrt{(x-c)^2+y^2}=a^2-cx,$$

两边平方,得

$$a^2[(x-c)^2+y^2]=a^4-2a^2cx+c^2x^2,$$

整理,得

$$(c^2-a^2)x^2-a^2y^2=a^2(c^2-a^2).$$

由双曲线的定义可知,$2c>2a$,得 $c^2-a^2>0$,令 $c^2-a^2=b^2$(其中 $b>0$)代入上式,得

$$b^2x^2-a^2y^2=a^2b^2,$$

两边同除以 a^2b^2,得

$$\frac{x^2}{a^2}-\frac{y^2}{b^2}=1(a>0,b>0).$$

这个方程叫作 <u>双曲线的标准方程</u>,它所表示的双曲线的焦点在 x 轴上,焦点是 $F_1(-c,0),F_2(c,0)$,这里 $c^2=a^2+b^2$.

若双曲线的焦点在 y 轴上,即焦点坐标为 $F_1(0,-c),F_2(0,c)$,用类似的方法可得到它的方程为

$$\frac{y^2}{a^2}-\frac{x^2}{b^2}=1(a>0,b>0).$$

这是焦点在 y 轴上的双曲线的标准方程,a,b,c 仍满足 $c^2=a^2+b^2$(如图 10-17).

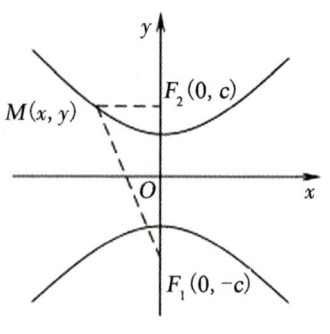

图 10-17

【例1】已知双曲线的焦点坐标为 $F_1(-5,0)$,$F_2(5,0)$,双曲线上一点到两焦点的距离之差的绝对值等于 6.求双曲线的标准方程.

解 因为双曲线的焦点在 x 轴上,所以设它的标准方程为

$$\frac{x^2}{a^2}-\frac{y^2}{b^2}=1(a>0,b>0).$$

由已知条件 $2a=6,2c=10$,得

$$a=3,\quad c=5.$$

所以

$$b^2=c^2-a^2=5^2-3^2=16.$$

因此,所求双曲线的标准方程为

$$\frac{x^2}{9}-\frac{y^2}{16}=1.$$

【例2】设双曲线的焦点是 $F(0,\pm 7)$,$a=2$,求双曲线的标准方程.

解 因为双曲线的焦点在 y 轴上,所以设它的标准方程为

$$\frac{y^2}{a^2}-\frac{x^2}{b^2}=1(a>0,b>0).$$

由已知条件 $a=2,c=7$,得

$$b^2=c^2-a^2=7^2-2^2=45.$$

因此,所求双曲线的标准方程为

$$\frac{y^2}{4}-\frac{x^2}{45}=1.$$

 练习

1. 求适合下列条件的双曲线的标准方程:

   (1) 焦距为 14,$a=6$,焦点在 x 轴上;

   (2) 焦距为 16,c 与 a 之比为 $\frac{4}{3}$,焦点在 y 轴上;

   (3) $a=6,b=8$.

2. 双曲线的性质

下面我们只以中心在原点、焦点在 x 轴上的双曲线的标准方程 $\dfrac{x^2}{a^2}-\dfrac{y^2}{b^2}=1$ ($a>0, b>0$)为例来研究双曲线的性质.

对称性

由图 10-16 可观察出：双曲线关于两个坐标轴和原点都是对称的. 这时，坐标轴是 双曲线的对称轴，坐标原点是 双曲线的对称中心，双曲线的对称中心叫作 双曲线的中心.

范围

由方程 $\dfrac{x^2}{a^2}-\dfrac{y^2}{b^2}=1$ 可知，双曲线上点的坐标 (x, y) 都适合不等式

$$\frac{x^2}{a^2} \geqslant 1,$$

即

$$x^2 \geqslant a^2,$$

解之，得

$$x \leqslant -a \text{ 或 } x \geqslant a.$$

这说明双曲线的一支在直线 $x=-a$ 的左边，另一支在直线 $x=a$ 的右边，而在直线 $x=-a$ 和 $x=a$ 之间，没有双曲线的点(如图 10-18).

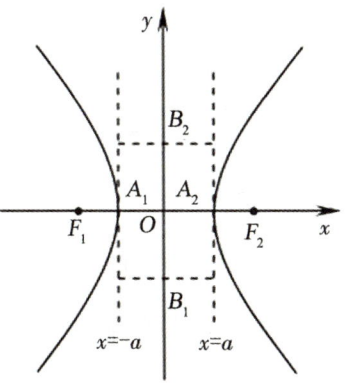

图 10-18

顶点

在双曲线的标准方程中，令 $y=0$，得 $x=\pm a$，因此，双曲线和 x 轴有两个交点 $A_1(-a, 0)$，$A_2(a, 0)$. 双曲线和它的对称轴的两个交点称为双曲线的顶点，线段 A_1A_2 叫作 双曲线的实轴，它的长等于 $2a$，a 叫作双曲线的 实半轴的长 (如图 10-19).

令 $x=0$，得 $y^2=-b^2$，这个方程没有实数根，

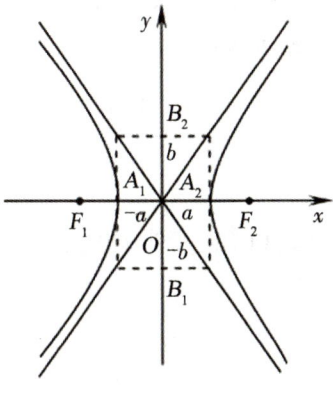

图 10-19

说明双曲线和 y 轴没有交点. 在 y 轴上取点 $B_1(0,-b)$, $B_2(0,b)$, 线段 B_1B_2 叫作**双曲线的虚轴**, 它的长等于 $2b$, b 叫作双曲线的虚半轴的长(如图10-19).

离心率

双曲线的焦距与实轴的长之比, 即 $e=\dfrac{2c}{2a}=\dfrac{c}{a}$, 叫作**双曲线的离心率**. 因为 $c>a$, 所以双曲线的离心率 $e>1$.

由 $c^2-a^2=b^2$ 可得

$$\frac{b}{a}=\frac{\sqrt{c^2-a^2}}{a}=\sqrt{\frac{c^2}{a^2}-1}=\sqrt{e^2-1}.$$

因而有下面的关系：

e 越大, 则 $\dfrac{b}{a}$ 越大, 从而双曲线开口越大.

渐近线

经过点 A_1, A_2 作 y 轴的平行线 $x=\pm a$, 经过点 B_1, B_2 作 x 轴的平行线 $y=\pm b$, 四条直线围成一个矩形, 矩形的两条对角线所在的直线方程是 $y=\pm\dfrac{b}{a}x$. 从图10-19可以看出, 双曲线 $\dfrac{x^2}{a^2}-\dfrac{y^2}{b^2}=1(a>0,b>0)$ 的各支向外延伸时, 与这两条直线逐渐接近但不相交.

我们把两条直线 $y=\pm\dfrac{b}{a}x$ 叫作**双曲线 $\dfrac{x^2}{a^2}-\dfrac{y^2}{b^2}=1(a>0,b>0)$ 的渐近线**.

【例3】 求双曲线 $9x^2-16y^2=144$ 的实半轴的长和虚半轴的长以及焦点坐标和渐近线方程.

解 将方程化为标准方程

$$\frac{x^2}{4^2}-\frac{y^2}{3^2}=1,$$

由此可知, 实半轴的长 $a=4$, 虚半轴的长 $b=3$, 所以

$$c=\sqrt{a^2+b^2}=\sqrt{4^2+3^2}=5,$$

焦点在 x 轴上, 焦点坐标为 $F_1(-5,0)$ 和 $F_2(5,0)$, 渐近线方程为

$$y=\pm\frac{3}{4}x.$$

【例4】已知双曲线的焦点为$(\pm\sqrt{20},0)$,渐近线方程为$y=\pm\dfrac{1}{2}x$,求双曲线的标准方程.

解 设所求双曲线的标准方程为$\dfrac{x^2}{a^2}-\dfrac{y^2}{b^2}=1$,由已知条件得

$$\begin{cases} c=\sqrt{20}, \\ \dfrac{b}{a}=\dfrac{1}{2}, \\ c^2=a^2+b^2. \end{cases}$$

解此方程组,得

$$a=4,\quad b=2.$$

于是所求双曲线的标准方程为

$$\dfrac{x^2}{16}-\dfrac{y^2}{4}=1.$$

在双曲线$\dfrac{x^2}{a^2}-\dfrac{y^2}{b^2}=1$中,如果$a=b$,那么双曲线的方程为$x^2-y^2=a^2$,它的实轴和虚轴的长都等于$2a$. 我们把实轴和虚轴的长相等的双曲线,叫作**等轴双曲线**. 这时,因为$a=b$,双曲线的渐近线方程为$y=\pm x$.

由于渐近线$y=\pm x$是直线$x=\pm a$和$y=\pm a$所围成的正方形的对角线所在的直线,所以等轴双曲线的两条渐近线是互相垂直的(如图10-20).

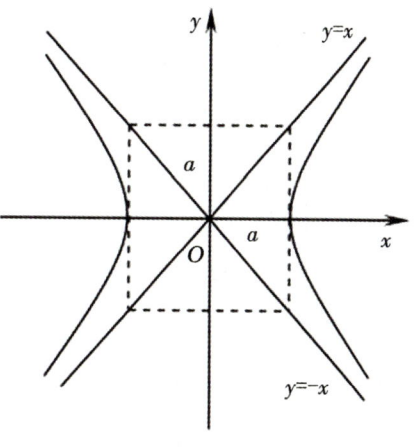

图 10-20

类似地,由双曲线$\dfrac{y^2}{a^2}-\dfrac{x^2}{b^2}=1$,当$a=b$时,得$y^2-x^2=a^2$,它也是等轴双曲线,只是它的实轴在$y$轴上,虚轴在$x$轴上.

练习

1. 求下列双曲线的实轴和虚轴的长,顶点和焦点坐标,离心率和渐近线方程,并画图.

(1) $x^2-8y^2=32$;　　　　　　(2) $9y^2-x^2=81$;

(3) $x^2-y^2=4$; (4) $\dfrac{x^2}{49}-\dfrac{y^2}{25}=1$.

习题 10.4

1. 求适合下列条件的双曲线的标准方程：

   (1) 实轴长为 6，虚轴长为 8；

   (2) $a=2\sqrt{5}$，经过点 $A(-5,2)$，焦点在 x 轴上；

   (3) 焦点坐标为 $F(\pm 4,0)$，实半轴的长为 3；

   (4) 顶点为 $A(\pm 2,0)$，焦点为 $F(\pm 2\sqrt{2},0)$.

2. 求下列双曲线的实轴和虚轴的长，顶点和焦点的坐标，离心率和渐近线方程.

   (1) $4y^2-9x^2-36=0$; (2) $x^2-y^2=-9$.

3. 已知双曲线的一个焦点为 $(-4,0)$，一条渐近线的方程为 $2x-3y=0$，求双曲线的标准方程.

4. 已知双曲线的虚轴长为 12，焦距为实轴长的两倍，求双曲线的标准方程.

5. 已知双曲线的离心率为 3，虚半轴的长为 12，求此双曲线的标准方程.

6. 已知等轴双曲线的中心在原点，实轴在 x 轴上，并经过点 $(3,-1)$，求它的标准方程.

7. 已知等轴双曲线的焦点为 $(\pm 2\sqrt{2},0)$，求此双曲线的标准方程.

8. 求与椭圆 $\dfrac{x^2}{49}+\dfrac{y^2}{24}=1$ 有公共焦点，且离心率 $e=\dfrac{5}{4}$ 的双曲线方程.

9. 求以椭圆 $5x^2+8y^2=40$ 的焦点为顶点，而以此椭圆的顶点为焦点的双曲线方程.

10. 求与双曲线 $\dfrac{x^2}{9}-\dfrac{y^2}{16}=1$ 有共同的渐近线，且经过点 $A(-3,2\sqrt{3})$ 的双曲线方程.

11. 根据下列条件判断方程 $\dfrac{x^2}{9-k}+\dfrac{y^2}{4-k}=1$ 表示什么曲线：

    (1) $k<4$; (2) $4<k<9$.

12. 某电厂双曲线型自然通风冷却塔的外形，是双曲线的一部分绕其虚轴旋转所成的曲面,它的最小半径为 12 m,上口半径为 13 m,下口半径为 25 m,高为 55 m.请你选择适当的坐标系,求出双曲线的标准方程(精确到 1 m).

§10.5 抛 物 线

1. 抛物线的定义与标准方程

把一根直尺固定在图板上直线 l 的位置(如图 10-21),把一块三角尺的一条直角边紧靠着直尺的边缘,再把一条细绳的一端固定在三角尺的另一个顶点 A 处,取绳长等于点 A 到直角顶点 C 的长(即点 A 到直线 l 的距离),并且把绳子的另一端固定在图板上的一点 F 处,用铅笔尖扣着绳子,使点 A 到笔尖的一段绳子紧靠着三角尺,然后将三角尺沿着直尺上下滑动,笔尖就在图板上画出一条曲线.

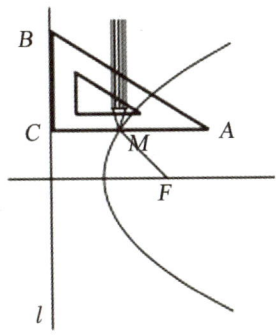

图 10-21

从图 10-21 可以看出,这条曲线上任意一点 M 到 F 的距离与它到直线 l 的距离相等,这条曲线就是我们常见的抛物线.

定义 平面内与一个定点 F 和一条定直线 l 的距离相等的点的轨迹叫作**抛物线**,定点 F 叫作**抛物线的焦点**,定直线 l 叫作**抛物线的准线**.

下面我们根据抛物线的定义,来求抛物线的标准方程.

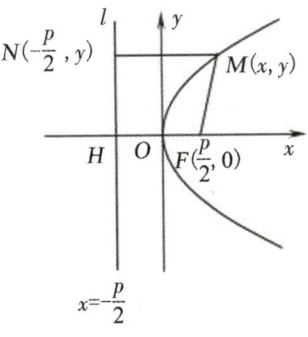

图 10-22

如图 10-22 所示,取过点 F 且垂直于 l 的直线为 x 轴,垂足为 H,取线段 HF 的中点为原点,建立直角坐标系 xOy.

设 $|HF|=p(p>0)$,那么焦点 F 的坐标为 $\left(\dfrac{p}{2},0\right)$,准线 l 的方程为 $x=-\dfrac{p}{2}$.

设点 $M(x,y)$ 是抛物线上任意一点,作 $MN \perp l$,垂足为 N,则 N 点的坐标为 $\left(-\dfrac{p}{2}, y\right)$. 由抛物线的定义知

$$|MF| = |MN|,$$

根据两点间的距离公式,得

$$\left(x-\dfrac{p}{2}\right)^2 + y^2 = \left(x+\dfrac{p}{2}\right)^2,$$

整理并化简,得

$$y^2 = 2px \ (p>0).$$

这个方程叫作**抛物线的标准方程**,它的焦点 F 在 x 轴的正半轴上,坐标为 $\left(\dfrac{p}{2}, 0\right)$,准线方程为 $x = -\dfrac{p}{2}$.

类似地,若把抛物线的焦点选择在 x 轴的负半轴,y 轴的正半轴或 y 轴的负半轴上,还可得出如下三种形式的标准方程:

$$y^2 = -2px (p>0),$$
$$x^2 = 2py (p>0),$$
$$x^2 = -2py (p>0).$$

这四种抛物线的标准方程、焦点坐标、准线方程以及图形如表 10-1 所示.

表 10-1 四种抛物线

方程	焦点	准线	图形
$y^2 = 2px$ $(p>0)$	$F\left(\dfrac{p}{2}, 0\right)$	$x = -\dfrac{p}{2}$	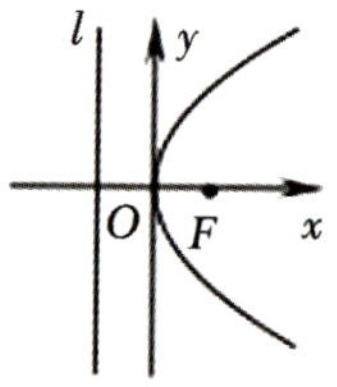
$y^2 = -2px$ $(p>0)$	$F\left(-\dfrac{p}{2}, 0\right)$	$x = \dfrac{p}{2}$	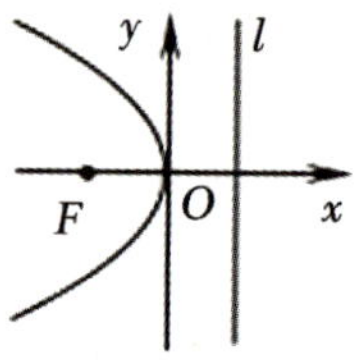

续表

方程	焦点	准线	图形
$x^2=2py$ ($p>0$)	$F\left(0,\dfrac{p}{2}\right)$	$y=-\dfrac{p}{2}$	
$x^2=-2py$ ($p>0$)	$F\left(0,-\dfrac{p}{2}\right)$	$y=\dfrac{p}{2}$	

观察抛物线的四种标准方程及其表示的曲线可以发现,焦点所在的坐标轴与一次项的未知量同名,一次项的符号与焦点所在半轴的符号相同.

【例 1】(1) 求抛物线 $y^2=6x$ 的焦点坐标和准线方程;

(2) 已知抛物线的焦点坐标是 $F(0,-2)$,求它的标准方程.

解 (1) 由抛物线 $y^2=6x$ 知 $2p=6,p=3$,且焦点在 x 轴的正半轴上,所以焦点坐标是 $\left(\dfrac{3}{2},0\right)$,准线方程是 $x=-\dfrac{3}{2}$.

(2) 因为焦点在 y 轴的负半轴上,并且 $-\dfrac{p}{2}=-2,p=4$,所以所求抛物线的标准方程是 $x^2=-8y$.

练习

1. 求下列抛物线的焦点坐标和准线方程:

(1) $y^2=20x$;   (2) $x^2=\dfrac{1}{2}y$;

(3) $2y^2+5x=0$;   (4) $x^2+8y=0$.

2. 求适合下列条件的抛物线的标准方程:

(1) 焦点是 $F(0,4)$;

(2) 准线方程是 $x=4$;

(3) 准线方程是 $y=8$.

2. 抛物线的性质

我们根据抛物线的标准方程 $y^2=2px(p>0)$ 来研究它的几何性质.

对称性

由图 10-22 观察出:抛物线关于 x 轴对称,抛物线的对称轴叫作**抛物线的轴**.

范围

因为 $p>0$,由方程 $y^2=2px$ 可知,这条抛物线上的点 M 的坐标 (x,y) 满足不等式 $x\geqslant 0$,所以这条抛物线在 y 轴的右侧,当 x 的值增大时,$|y|$ 也增大. 这说明抛物线向右上方和右下方无限延伸,开口向右.

顶点

抛物线和它的轴的交点叫作**抛物线的顶点**. 在方程 $y^2=2px(p>0)$ 中,当 $y=0$ 时,$x=0$. 因此,该抛物线的顶点就是坐标原点.

类似地,可以知道:

抛物线 $y^2=-2px(p>0)$ 关于 x 轴对称,顶点在原点,图象在 y 轴左侧,开口向左.

抛物线 $x^2=2py(p>0)$ 关于 y 轴对称,顶点在原点,图象在 x 轴上方,开口向上.

抛物线 $x^2=-2py(p>0)$ 关于 y 轴对称,顶点在原点,图象在 x 轴下方,开口向下.

离心率

抛物线上的点 M 到焦点和到准线的距离之比叫作**抛物线的离心率**,用 e 表示,由定义可知 $e=1$.

【例 2】 求以坐标原点为顶点,对称轴为坐标轴,并且经过点 $M(-3,-6)$ 的抛物线的标准方程.

解 因为抛物线的顶点在原点,对称轴可能是 x 轴,也可能是 y 轴,而点 $M(-3,-6)$ 在第三象限,所以抛物线是开口向左或开口向下.

(1) 当抛物线开口向左时,抛物线的焦点在 x 轴的负半轴上. 设抛物线的方程为
$$y^2 = -2px(p>0),$$
所以
$$(-6)^2 = -2p(-3),$$
即
$$p = 6,$$
于是所求抛物线的标准方程为
$$y^2 = -12x.$$

(2) 当抛物线开口向下时,抛物线的焦点在 y 轴的负半轴上. 设抛物线的方程为
$$x^2 = -2py(p>0),$$
所以
$$(-3)^2 = -2p(-6),$$
即
$$p = \frac{3}{4},$$
于是所求抛物线的标准方程为
$$x^2 = -\frac{3}{2}y.$$

综上可知,所求抛物线的方程为 $y^2 = -12x$ 或 $x^2 = -\frac{3}{2}y$,如图 10-23 所示.

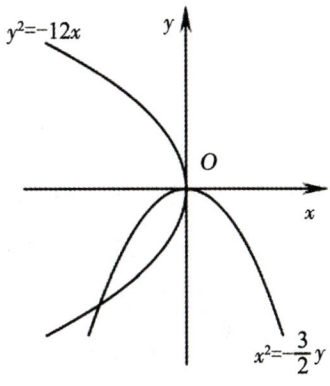

图 10-23

【例 3】探照灯反射镜的轴截面是抛物线的一部分,光源位于抛物线的焦点处,已知灯口圆的直径是 20 cm,灯深 10 cm. 求抛物线的标准方程和焦点位置.

解 在探照灯轴截面所在平面内建立直角坐标系,使反光镜的顶点(即抛物线的顶点)与原点重合,x 轴垂直于灯口直径(如图 10-24).

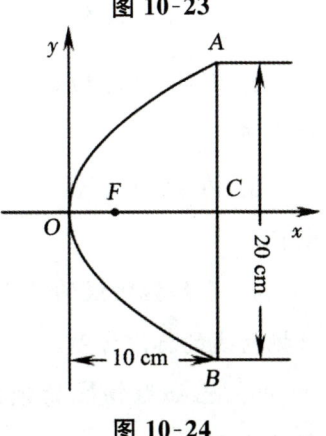

图 10-24

设抛物线的标准方程为 $y^2 = 2px(p>0)$,由已知条件可得,点 A 的坐标为 $(10, 10)$,代入方程,得

$$10^2 = 2p \times 10,$$

即

$$p = 5.$$

因此,所求抛物线的标准方程为 $y^2 = 10x$,焦点坐标是 $\left(\dfrac{5}{2}, 0\right)$.

练习

1. 求下列各抛物线的顶点和焦点坐标、对称轴、开口方向和准线方程,并画出图形.

   (1) $y = \dfrac{1}{3}x^2$; 　　　　(2) $y = -\dfrac{2}{3}x^2$;

   (3) $y^2 = -3x$; 　　　　(4) $y^2 = 4x$.

习题 10.5

1. 根据下列条件,求抛物线的标准方程:

   (1) 对称轴重合于 x 轴,顶点在原点,并且经过点 $(-2, 4)$;

   (2) 对称轴重合于 x 轴,顶点在原点,并且经过点 $(-6, -3)$;

   (3) 顶点在原点,准线为 $x = 3$;

   (4) 焦点为 $\left(0, -\dfrac{1}{2}\right)$,准线为 $y = \dfrac{1}{2}$.

2. 已知两抛物线的顶点都在原点,而焦点分别为 $(2, 0)$ 和 $(0, 2)$,求它们的交点.

3. 在抛物线 $y^2 = 4x$ 上取一点 M,使它到焦点的距离等于 10,求点 M 的坐标.

4. 已知抛物线的顶点在原点,抛物线关于 x 轴对称,并且经过点 $P(5, -4)$,求抛物线的标准方程.

5. 已知抛物线的顶点在原点,焦点在 y 轴上,且经过点 $Q(-7, -1)$,求它的方程.

6. 已知抛物线的顶点在原点,对称轴是 y 轴,焦点到准线的距离是 2.5,求抛物线的方程.

7. 已知抛物线的顶点在原点,坐标轴为对称轴,且经过点 $M(-2, -4)$,

求此抛物线的方程.

8. 经过抛物线 $y^2 = 2px$ 的焦点 F，作一条直线垂直于它的对称轴，和抛物线相交于 P_1, P_2 两点，求线段 P_1P_2 的长.

9. 抛物线的顶点是双曲线 $16x^2 - 9y^2 = 144$ 的中心，而焦点是双曲线的右顶点，求抛物线的方程.

10. 求以椭圆 $\dfrac{x^2}{16} + \dfrac{y^2}{9} = 1$ 的中心为顶点、左焦点为焦点的抛物线的方程.

11. 桥洞是抛物线拱形，当水面宽 4 m 时，桥洞高 2 m，当水面下降 1 m 后，水面的宽是多少？

名 词 索 引

曲线的方程 curve equation(74)

圆 circle(77)

圆心 circle center(77)

半径 radius(77)

圆的标准方程 standard equation of the circle(77)

圆的一般方程 the general equation of the circle(78)

坐标轴的平移 translation of axes(81)

椭圆 ellipse(85)

椭圆的焦点 elliptical focus(85)

椭圆的焦距 focal length of the ellipse(85)

椭圆的标准方程 standard equation of ellipse(86)

椭圆的顶点 vertex of an ellipse(88)

椭圆的长轴 major axis of an ellipse(88)

椭圆的短轴 minor axis of an ellipse(88)

椭圆的离心率 eccentricity of an ellipse(88)

双曲线 hyperbola(92)

双曲线的焦点 hyperbolic focus(92)

双曲线的焦距 hyperbolic focal length(92)

双曲线的标准方程 standard equation of hyperbolic(93)

双曲线的实轴 real axis of hyperbola(95)

双曲线的虚轴 virtual axis of the hyperbola(96)

双曲线的离心率 eccentricity of a hyperbola(96)

双曲线的渐近线 asymptote of a hyperbola(96)

抛物线 parabola(99)

抛物线的焦点 parabolic focus(99)

抛物线的准线 parabolic line(99)

抛物线的标准方程 standard equation of the parabolic(100)

数学符号

$C(a,b)$ 表示某圆的圆心为 C，其横坐标为 a，纵坐标为 b.

r 小写的英文字母，作为数学符号，常用来表示圆的半径.

F_1 表示圆锥曲线的焦点之一，当某圆锥曲线的焦点在 x 轴上时，约定 F_1 表示左焦点.

F_2 表示圆锥曲线的焦点之一，当某圆锥曲线的焦点在 x 轴上时，约定 F_2 表示右焦点.

e 小写的英文字母，作为数学符号，常用来表示椭圆、双曲线、抛物线的离心率.

常用公式

圆的标准方程 $(x-a)^2+(y-b)^2=r^2$

圆的一般方程 $x^2+y^2+Dx+Ey+F=0$

坐标轴平移公式 $x=x'+h, y=y'+k$

椭圆的标准方程

(1) 焦点在 x 轴上的椭圆的标准方程 $\dfrac{x^2}{a^2}+\dfrac{y^2}{b^2}=1$

(2) 焦点在 y 轴上的椭圆的标准方程 $\dfrac{y^2}{a^2}+\dfrac{x^2}{b^2}=1$

双曲线的标准方程

(1) 焦点在 x 轴上的双曲线的标准方程 $\dfrac{x^2}{a^2}-\dfrac{y^2}{b^2}=1$

(2) 焦点在 y 轴上的双曲线的标准方程 $\dfrac{y^2}{a^2}-\dfrac{x^2}{b^2}=1$

抛物线的标准方程

(1) 焦点在 x 轴正半轴上的抛物线的标准方程 $y^2=2px\ (p>0)$

(2) 焦点在 x 轴负半轴上的抛物线的标准方程 $y^2=-2px\ (p>0)$

(3) 焦点在 y 轴正半轴上的抛物线的标准方程 $x^2=2py\ (p>0)$

(4) 焦点在 y 轴负半轴上的抛物线的标准方程 $x^2=-2py\ (p>0)$

复习题 A

1. 选择题：

   (1) $(x+1)^2+(y-2)^2=4$ 的圆心与半径分别为(　　).

   A. $(-1,2),2$　　　　　　B. $(1,-2),2$

   C. $(-1,2),4$　　　　　　D. $(1,-2),4$

   (2) 已知圆的半径为 2，圆心在 x 轴的正半轴上，且圆与直线 $3x+4y+4=0$ 相切，则圆的方程是(　　).

   A. $x^2+y^2-4x=0$　　　　B. $x^2+y^2+4x=0$

   C. $x^2+y^2-2x-3=0$　　　D. $x^2+y^2+2x-3=0$

   (3) 设双曲线 $\dfrac{x^2}{a^2}-\dfrac{y^2}{9}=1(a>0)$ 的渐近线方程为 $3x\pm 2y=0$，则 a 的值为(　　).

   A. 4　　　　B. 3　　　　C. 2　　　　D. 1

   (4) 已知椭圆 $\dfrac{x^2}{10-m}+\dfrac{y^2}{m-2}=1$ 的长轴在 y 轴上，若焦距为 4，则 m 等于(　　).

   A. 4　　　　B. 5　　　　C. 7　　　　D. 8

   (5) 与椭圆 $\dfrac{x^2}{9}+\dfrac{y^2}{4}=1$ 有公共焦点的双曲线的方程是(　　).

   A. $\dfrac{x^2}{4}-\dfrac{y^2}{9}=1$　　　　B. $\dfrac{x^2}{3}-\dfrac{y^2}{2}=1$

   C. $\dfrac{x^2}{81}-\dfrac{y^2}{16}=1$　　　D. $\dfrac{x^2}{15}-\dfrac{y^2}{10}=1$

   (6) 双曲线 $\dfrac{x^2}{25}-\dfrac{y^2}{9}=1$ 上的点到一个焦点的距离为 12，则到另一个焦点的距离为(　　).

   A. 22 或 2　　B. 7　　　　C. 22　　　　D. 2

   (7) 抛物线 $y^2=10x$ 的焦点到准线的距离是(　　).

   A. $\dfrac{5}{2}$　　　　B. 5　　　　C. $\dfrac{15}{2}$　　　　D. 10

   (8) 抛物线 $y^2=8x$ 上一点 P 到其焦点的距离为 9，则点 P 的坐标为

( ).

A. $(7, \pm\sqrt{14})$ B. $(14, \pm\sqrt{14})$

C. $(7, \pm 2\sqrt{14})$ D. $(-7, \pm 2\sqrt{14})$

2. 判断题：

(1) 点 $A(-2,3)$ 在圆 $x^2+y^2-6x=0$ 内. ( )

(2) 方程 $x^2+y^2+2x-3y+xy-5=0$ 表示圆心为 $\left(-1,\dfrac{3}{2}\right)$ 的圆.
( )

(3) 双曲线 $\dfrac{x^2}{a^2}-\dfrac{y^2}{b^2}=1(a>0,b>0)$ 中有 $a^2-b^2=c^2$. ( )

(4) 离心率为 $\sqrt{2}$ 的双曲线一定是等轴双曲线. ( )

(5) 若 $m>0$ 且 $n>0$, 则方程 $\dfrac{x^2}{m}+\dfrac{y^2}{n}=1$ 一定表示椭圆. ( )

(6) 已知点 $A(5,2)$, 若将原点平移到 $O_1(-2,8)$, 则点 A 的新坐标为 $A'(3,10)$. ( )

(7) 若方程 $4x^2+ky^2=4k$ 表示焦点在 y 轴上的双曲线, 则 $k<0$.
( )

(8) 抛物线 $x^2=-2y$ 的图象经过第一、二象限. ( )

3. 填空题：

(1) 若方程 $x^2+y^2+ax+2ay+\dfrac{5}{4}a^2+a-1=0$ 表示圆, 则 a 的取值范围是_____.

(2) 以 $A(1,3)$ 和 $B(3,5)$ 为直径两端点的圆的标准方程为_____.

(3) 若方程 $x^2+y^2+Dx+Ey+F=0$ 表示以 $(2,-4)$ 为圆心, 4 为半径的圆, 则 $F=$_____.

(4) 中心在原点, 焦点在 y 轴上, 且长轴长为 4, 离心率为 $\dfrac{1}{2}$ 的椭圆的方程为_____.

(5) 椭圆 $\dfrac{x^2}{9}+\dfrac{y^2}{4}=1$ 的长轴长为_____, 短轴长为_____, 离心率为_____.

(6) 椭圆 $\dfrac{x^2}{12}+\dfrac{y^2}{m^2}=1(m>0)$ 的离心率 $e=\dfrac{1}{2}$, 则 m 的值为_____.

(7) 双曲线 $y^2 - \dfrac{x^2}{2} = 1$ 的实轴长为_____,虚轴长为_____,顶点坐标为_____,焦点坐标为_____.

(8) 双曲线的渐近线方程为 $x \pm 2y = 0$,焦距为 10,则双曲线方程是_____.

(9) 抛物线 $y = -\dfrac{x^2}{8}$ 的开口方向为_____,焦点坐标为_____,准线方程为_____.

(10) 以坐标轴为对称轴,以原点为顶点,且过圆 $x^2 + y^2 - 2x + 6y + 9 = 0$ 的圆心的抛物线方程为_____.

4. 圆心在直线 $5x - 3y - 8 = 0$ 上的圆与两坐标轴相切,求该圆的方程.

5. 已知 △ABC 的三个顶点坐标分别是 $A(4,1), B(6,-3), C(-3,0)$,求该三角形外接圆的方程.

6. 圆心在直线 $2x + y = 0$ 上,且圆与直线 $x + y - 1 = 0$ 切于点 $M(2,-1)$,求圆的标准方程.

7. 椭圆的一个顶点为 $A(0,-1)$,焦点在 x 轴上,若右焦点到直线 $x - y + 3 = 0$ 的距离为 $4\sqrt{2}$,求椭圆的标准方程.

8. 已知椭圆的焦点在 x 轴上,焦距为 4,且椭圆过点 $P(\sqrt{2}, \sqrt{3})$,求椭圆的标准方程.

9. 已知双曲线 $\dfrac{x^2}{m} - \dfrac{y^2}{n} = 1 (m \cdot n \neq 0)$ 的离心率为 2,其中一个焦点与抛物线 $y^2 = 4x$ 的焦点重合,求 $m \cdot n$ 的值.

10. 求与双曲线 $\dfrac{x^2}{4} - \dfrac{y^2}{9} = 1$ 有共同焦点,且实轴长为 6 的双曲线的标准方程.

11. 已知抛物线的顶点在原点,对称轴是 x 轴,抛物线上的点 $M(-3, m)$ 到焦点的距离等于 5,求抛物线的方程和 m 的值.

复 习 题 B

1. 选择题:

(1) 下列点在曲线 $x^2 + y^2 - 2x + 2y = 14$ 上的是( ).

　　　　A. $(1,2)$　　　B. $(0,-2)$　　　C. $(1,6)$　　　D. $(1,3)$

(2) 经过点 $A(1,0), B(-1,1), C(0,0)$ 的圆的方程是(　　).

　　A. $x^2+y^2-x+3y=0$　　　　B. $x^2+y^2-x-3y=0$

　　C. $x^2+y^2+x+3y=0$　　　　D. $x^2+y^2+x+y=0$

(3) 如果双曲线的两条渐近线互相垂直,那么双曲线的离心率是(　　).

　　A. $\sqrt{2}$　　　B. 2　　　C. $\sqrt{3}$　　　D. -2

(4) 若双曲线与椭圆 $x^2+4y^2=64$ 共焦点,且一条渐近线方程是 $x+\sqrt{3}y=0$,则此双曲线的标准方程只能是(　　).

　　A. $\dfrac{x^2}{36}-\dfrac{y^2}{12}=1$　　　　B. $\dfrac{y^2}{36}-\dfrac{x^2}{12}=1$

　　C. $\dfrac{x^2}{12}-\dfrac{y^2}{36}=1$　　　　D. 以上答案都不对

(5) 与椭圆 $\dfrac{x^2}{9}+\dfrac{y^2}{4}=1$ 有共同焦点的椭圆的方程是(　　).

　　A. $\dfrac{x^2}{4}+\dfrac{y^2}{9}=1$　　　　B. $\dfrac{x^2}{3}+\dfrac{y^2}{2}=1$

　　C. $\dfrac{x^2}{81}+\dfrac{y^2}{16}=1$　　　D. $\dfrac{x^2}{15}+\dfrac{y^2}{10}=1$

(6) 抛物线 $y=ax^2$ 的焦点坐标是(　　).

　　A. $\left(0,\dfrac{a}{4}\right)$　　B. $\left(0,-\dfrac{a}{4}\right)$　　C. $\left(0,-\dfrac{1}{4a}\right)$　　D. $\left(0,\dfrac{1}{4a}\right)$

(7) 若曲线方程 $x^2+y^2\cos\alpha=1$ 中的 α 满足 $90°<\alpha<180°$,则曲线应为(　　).

　　A. 抛物线　　B. 双曲线　　C. 椭圆　　D. 圆

(8) 抛物线的顶点在原点,对称轴是坐标轴,且焦点在直线 $x-y+2=0$ 上,则此抛物线的方程只能是(　　).

　　A. $y^2=4x$ 或 $x^2=-4y$　　　B. $x^2=4y$ 或 $y^2=-4x$

　　C. $x^2=8y$ 或 $y^2=-8x$　　　D. 无法确定

2. 判断题：

(1) 曲线 $x^2-3x-2y+6=0$ 过点 $A(-2,3)$.　　　　　　　(　　)

(2) 圆 $x^2+y^2-6x=0$ 的圆心是 $(3,0)$,半径是 3.　　　　(　　)

(3) 在椭圆方程 $\dfrac{x^2}{a^2}+\dfrac{y^2}{b^2}=1(a>b>0)$ 中有 $a^2-b^2=c^2$.　　(　　)

(4) 若方程 $x^2+y^2+\lambda x=0$ 表示圆,则 $\lambda \in \mathbf{R}$. （　　）

(5) 双曲线 $\dfrac{x^2}{a^2}-\dfrac{y^2}{b^2}=1(a>0,b>0)$ 中的 a 一定大于 b. （　　）

(6) 焦距为 $10,2a=8$ 的双曲线的标准方程一定是 $\dfrac{x^2}{16}-\dfrac{y^2}{9}=1$. （　　）

(7) 若方程 $16x^2+ky^2=16k$ 表示焦点在 y 轴上的椭圆,则 $0<k<16$.
　　　　　　　　　　　　　　　　　　　　　　　　　　（　　）

(8) 抛物线 $x^2=-y$ 的准线方程是 $y=\dfrac{1}{2}$. （　　）

(9) 双曲线 $x^2-y^2=4$ 与双曲线 $x^2-y^2=-4$ 的焦距和焦点都相同.
　　　　　　　　　　　　　　　　　　　　　　　　　　（　　）

3. 填空题：

(1) 圆心在点 $(1,1)$,并经过点 $(-3,4)$ 的圆的标准方程是_____.

(2) 椭圆 $11x^2+20y^2=220$ 的焦距等于_____.

(3) 若直线 $y=2x+b$ 与圆 $x^2+y^2=9$ 相切,则 $b=$ _____.

(4) 椭圆 $\dfrac{x^2}{144}+\dfrac{y^2}{36}=1$ 的长轴的长等于_____.

(5) 如果双曲线的一个焦点是 $(4,0)$,一条渐近线是 $x-y=0$,那么另一条渐近线是_____,双曲线的方程是_____.

(6) 抛物线 $2x^2-5y=0$ 的开口方向为_____,焦点坐标为_____,准线方程为_____.

(7) 将曲线 $4x^2+9y^2+16x-18y-11=0$ 进行坐标轴平移,新原点的原坐标为_____时,方程可化简为标准方程_____.

(8) 将曲线 $y^2-12x+6y+33=0$ 进行坐标轴平移,新原点的原坐标为_____时,方程可化简为标准方程_____.

(9) 以 $(-1,3)$ 和 $(3,1)$ 为直径两端点的圆的方程是_____.

(10) 设 F_1,F_2 是椭圆 $\dfrac{x^2}{64}+\dfrac{y^2}{36}=1$ 的两个焦点,P 是椭圆上的一点,$|PF_1|=10$,则 $|PF_2|=$ _____.

4. 一圆过点 $A(2,-1)$,圆心在直线 $y=-2x$ 上,且圆与 $x+y=1$ 相切,求该圆的方程.

5. 三角形三边的方程分别是 $x-6=0,x+2y=0$ 和 $x-2y=8$,求三角形外接圆的方程.

6. 椭圆的一个焦点把长轴分为两段，分别等于 7 和 1，求椭圆的标准方程.

7. 已知双曲线 $\dfrac{x^2}{225}-\dfrac{y^2}{64}=1$ 上一点的横坐标等于 15，求该点到两个焦点间的距离.

8. 直线 $x-y-1=0$ 与抛物线 $y^2=2px(p>0)$ 交于 A,B 两点，且 $|AB|=8$，求该抛物线的方程.

9. 求以 $\dfrac{x^2}{25}+\dfrac{y^2}{9}=1$ 的焦点和顶点分别作为顶点和焦点的双曲线的方程.

10. 抛物线的顶点是双曲线 $8x^2-9y^2=72$ 的中心，而焦点是双曲线的左顶点，求抛物线的方程.

11. 判定方程 $\dfrac{x^2}{25-m}+\dfrac{y^2}{9-m}=1$ 所表示的曲线的形状，并证明无论方程表示椭圆或双曲线，它们的焦点是相同的.

12. 海岸边在相距 5000 m 处有 F_1,F_2 两个声呐监视站，在海底做爆炸试验时，两站记录同一次爆炸的开始时间相差 2 s. 已知当地海水中平均声速为 1500 m/s，求爆炸点的轨迹方程（提示：以两个监视站所在直线为 y 轴）.

自 测 题

1. 选择题：

   (1) 下列物理量中是向量的是( ).
   A. 温度　　B. 速度　　C. 体积　　D. 面积

   (2) 在四边形 $ABCD$ 中，$\overrightarrow{AB}-\overrightarrow{CB}+\overrightarrow{CD}-\overrightarrow{AD}=$ ( ).
   A. $\overrightarrow{AD}$　　B. $\overrightarrow{AC}$　　C. $\overrightarrow{BD}$　　D. $\vec{0}$

   (3) 设 $\boldsymbol{a}=(\sqrt{3},1),\boldsymbol{b}=(-3,\sqrt{3})$，则 $<\boldsymbol{a},\boldsymbol{b}>=$ ( ).
   A. $\dfrac{\pi}{6}$　　B. $\dfrac{5\pi}{6}$　　C. $\dfrac{\pi}{3}$　　D. $\dfrac{2\pi}{3}$

   (4) 设 $\boldsymbol{a}=(m,5)$，且 $|\boldsymbol{a}|=13$，则 $m=$ ( ).
   A. 12　　B. -12　　C. ± 12　　D. -6

   (5) 已知点 $M(2,-3),N(-4,5)$，则线段 MN 的中点坐标是( ).
   A. $(3,-4)$　　B. $(-3,4)$　　C. $(1,-1)$　　D. $(-1,1)$

   (6) 直线 $y=\sqrt{3}x+1$ 的倾斜角是( ).
   A. $120°$　　B. $30°$　　C. $-60°$　　D. $60°$

   (7) 若点 $P(2,m)$ 到直线 $3x-4y+2=0$ 的距离是 4，则 m 的值为( ).
   A. $m=-3$
   B. $m=7$
   C. $m=-3$ 或 $m=7$
   D. $m=3$ 或 $m=7$

   (8) 圆 $(x-2)^2+(y+4)^2=16$ 的圆心坐标和半径分别为( ).
   A. $(-2,4),4$
   B. $(2,-4),4$
   C. $(-2,4),16$
   D. $(2,-4),16$

   (9) 椭圆 $\dfrac{x^2}{9}+\dfrac{y^2}{5}=1$ 的焦距为( ).
   A. 1　　B. 2　　C. 3　　D. 4

(10) 双曲线 $\dfrac{x^2}{16}-\dfrac{y^2}{9}=1$ 的顶点坐标为( ).

    A. $(-5,0),(5,0)$ B. $(-4,0),(4,0)$

    C. $(-3,0),(3,0)$ D. $(-\sqrt{7},0),(\sqrt{7},0)$

2. 判断题：

(1) 若直线的倾斜角为锐角,则直线的斜率大于零.   ( )

(2) 若向量 $\boldsymbol{a},\boldsymbol{b}$ 都是单位向量,则 $\boldsymbol{a}=\boldsymbol{b}$.   ( )

(3) 两个共线向量一定相等.   ( )

(4) $\overrightarrow{AB}+\overrightarrow{CE}+\overrightarrow{BC}=\overrightarrow{AC}$.   ( )

(5) 圆 $x^2+y^2-2x+4y-5=0$ 的圆心坐标为 $(1,-2)$.   ( )

(6) 直线 $y=3$ 的斜率不存在.   ( )

(7) 椭圆方程的离心率大于 1.   ( )

(8) 抛物线是到一定点和一定直线的距离相等的点的轨迹.   ( )

(9) $\vec{a}=(1,2),\vec{b}=(2,-1)$,则 $\vec{a}\perp\vec{b}$.   ( )

(10) 若向量 $|\vec{a}|=2,|\vec{b}|=1,\vec{a}\cdot\vec{b}=-1$,则两向量的夹角为 $60°$.

           ( )

3. 填空题：

(1) 已知 $\boldsymbol{a}=(-2,-3),\boldsymbol{b}=(6,-5)$,则 $\boldsymbol{a}\cdot\boldsymbol{b}=$ _____.

(2) 过点 $(0,-3)$ 且平行于直线 $2x+3y-4=0$ 的直线方程为 _____.

(3) 已知直线 $l_1:mx+2y-1=0$ 与直线 $l_2:x-y-1=0$ 相互垂直,则 $m=$ _____.

(4) 圆 $x^2+y^2-4x+6y+8=0$ 的圆心坐标是 _____,半径为 _____.

(5) 椭圆 $\dfrac{x^2}{9}+\dfrac{y^2}{5}=1$ 的离心率 $e=$ _____.

(6) 双曲线 $\dfrac{x^2}{9}-\dfrac{y^2}{3}=1$ 的离心率 $e=$ _____.

(7) 抛物线 $x^2=24y$ 的焦点坐标为 _____.

(8) 设 $\boldsymbol{a}=(3,-1),\boldsymbol{b}=(1,-2)$,则 $(2\boldsymbol{a}+\boldsymbol{b})\cdot(\boldsymbol{a}-\boldsymbol{b})=$ _____.

(9) 直线 $x-2y-6=0$ 的斜率为 _____,在 x 轴的截距为

_____,在 y 轴上的截距为_____.

4. 设点 $A(0,1), B(2,4), C(-3,-1)$,且 $\overrightarrow{AB}=\overrightarrow{CD}$,求点 D 的坐标.

5. 求经过直线 $x+2y-1=0$ 和直线 $2x+y-5=0$ 的交点,且与直线 $x+4y+2=0$ 垂直的直线方程.

6. 已知点 $A(2,-3), B(-4,7)$,求以线段 AB 为直径的圆的方程.

7. 已知椭圆长轴上的两个顶点为 $(0,-\sqrt{6})$ 和 $(0,\sqrt{6})$,且椭圆过点 $P\left(1,\dfrac{3\sqrt{2}}{2}\right)$,求椭圆的标准方程.

8. 已知双曲线的焦点为 $F_1(-2,0)$ 和 $F_2(2,0)$,且经过点 $Q(-2,3)$,求双曲线的标准方程.

9. 求和椭圆 $\dfrac{x^2}{25}+\dfrac{y^2}{169}=1$ 有共同焦点,且离心率为 $\dfrac{13}{6}$ 的双曲线方程.

10. 求以椭圆的 $\dfrac{x^2}{25}+\dfrac{y^2}{16}=1$ 中心为顶点、左焦点为焦点的抛物线方程.